Dulces palabras de Dios, con amor, para ti.

T0340756

Dulces palabras de Dios, con amor, para ti.

Una guía diaria

ANN SPANGLER

La misión de Editorial Vida es ser la compañía líder en satisfacer las necesidades de las personas con recursos cuyo contenido glorifique al Señor Jesucristo y promueva principio bíblicos.

DULCES PALABRAS DE DIOS, CON AMOR PARA TI
Edición en español publicada por
Editorial Vida – 2011
Miami, Florida

Originally published in the USA under the title:
The Tender Words of God
©2008 by Ann Spangler
Published by permission of Zondervan, Grand Rapids, Michigan 49530

Traducción: *Wendy Bello*
Edición: *Madeline Diaz*
Diseño interior: *Cathy Spee*

ISBN: 978-0-8297-5209-0

CATEGORÍA: Vida cristiana/Devocional

IMPRESO EN ESTADOS UNIDOS DE AMÉRICA
PRINTED IN THE UNITED STATES OF AMERICA

12 13 14 15 ❖ 6 5 4 3 2

Así como la lluvia y la nieve
  descienden del cielo,
y no vuelven allá sin regar antes la tierra
  y hacerla fecundar y germinar
para que dé semilla al que siembra
  y pan al que come,
así es también la palabra que sale de mi boca:
  No volverá a mí vacía,
sino que hará lo que yo deseo
  y cumplirá con mis propósitos.

—Isaías 55:10-11

Contenido

Una nota para el lector

....

Aunque algunos de los pasajes que se incluyen en este libro aparecen en primera persona, como si Dios nos estuviera hablando directamente, otros están escritos en tercera persona. Independientemente de cómo haya sido redactada la Palabra de Dios en un principio, creo que la Biblia es Dios hablándonos de una forma única. Sus palabras son tiernas y reconfortantes, pero no siempre. Muy a menudo resultan ásperas y alarmantes, con el objetivo de sacarnos del precipicio al cual conduce el pecado y llevarnos a un lugar de seguridad y transformación. Cualquiera sea el tono de la Palabra de Dios, pienso que su propósito siempre es hablarnos de una manera que nos permita acercarnos y establecer una relación con él.

En este libro he decidido enfocarme en las dulces palabras de Dios, escuchar con oídos frescos el mensaje de su amor, un mensaje que transciende los siglos y las culturas. Cada capítulo comienza con una nota breve que describe el significado primordial de la palabra que constituye el enfoque del capítulo. Algunos de los pasajes de las Escrituras que se escogieron para las lecturas diarias incluirán dicha palabra. Otros pasajes se incluyen porque transmiten la esencia de la palabra sin utilizarla.

Espero que usted comience cada capítulo con la lectura del significado primordial de la palabra. Luego, después de leer mi respuesta a la palabra, confío en que pase toda una semana —tanto en la mañana como en la noche— saboreando las Escrituras que se proporcionan para que pueda interactuar con la Palabra de Dios. Con el fin de ayudarle a retener las dulces palabras de Dios he incluido una sección titulada «Recordaré esto» al final de cada semana. Esta sección contiene pasajes breves que se han extraído de los siete días anteriores. Mi intención al hacerlo es darle algo que pueda llevarse, ofrecerle la oportunidad de consolidar la Palabra de Dios en su corazón, tal vez al leer estos pasajes más de una vez, al leerlos primero en silencio y luego en voz alta, o al memorizar uno de ellos o más.

En raras ocasiones decidí adaptar un pasaje de las Escrituras en particular que de lo contrario requeriría un trasfondo histórico para entender su significado preciso. Cada vez que esto se hizo, tuve el cuidado de alterar el texto lo menos posible. Por ejemplo, en lugar de presentar Oseas 11:8-9 como:

> «¿Cómo podría yo entregarte, Efraín?
> ¿Cómo podría abandonarte, Israel?
> ¡Yo no podría entregarte como entregué a Admá!
> ¡Yo no podría abandonarte como a Zeboyín!
> Dentro de mí, el corazón me da vuelcos,
> y se me conmueven las entrañas.
> Pero no daré rienda suelta a mi ira,
> ni volveré a destruir a Efraín.
> Porque en medio de ti no está un hombre,
> sino estoy yo, el Dios santo,
> y no atacaré la ciudad.»

Lo traduje:

> «¿Cómo podría yo entregarte?
> ¿Cómo podría abandonarte? […]

Dentro de mí, el corazón me da vuelcos,
y se me conmueven las entrañas.»

Para tener una comprensión más matizada de estos y otros pasajes que aparecen en *Dulces palabras de Dios, con amor para ti*, los lectores pueden leer el texto de la Biblia como tal.

Como siempre, le estoy agradecida a la editora ejecutiva Sandy VanderZicht por su paciencia, ánimo, flexibilidad y visión editorial. Todas esas cosas son muy valiosas para un escritor y aprecio el hecho de haberme beneficiado de los consejos sabios de Sandy a lo largo de muchos años. Gracias también a Verlyn Verbrugge, el editor general de Zondervan, por la cuidadosa edición que le hizo a mi manuscrito. Me considero afortunada por tener un editor con un conocimiento sólido de los lenguajes bíblicos. Ya que hasta al mejor editado de los libros pudiera no irle bien sin una mercadotecnia eficaz, deseo agradecerle de forma especial a Marcy Schorsch por sus esfuerzos para darle publicidad a este libro. Mi agradecimiento estaría incompleto si paso por alto los esfuerzos de mi agente, Linda Kenney, cuya visión editorial y apoyo incansable tanto a mí como a este libro hicieron progresar grandemente el proyecto.

1

Dulces palabras de Dios, con amor para ti

Nunca me ha resultado fácil creer en el amor de Dios por mí con excepción tal vez de los primeros días y semanas luego de mi conversión. No importaba hacia dónde me volviera en aquellos días espléndidos, siempre encontraba evidencias del cuidado misericordioso de Dios y su perdón constante. De manera repentina e inesperada el dios del ceño fruncido de mi juventud se había desvanecido y en su lugar estaba Jesús, que traía regalos de amor y paz. En aquellos días prácticamente cada oración era respondida, a veces de una manera maravillosa. Recuerdo que pensaba que el problema de muchas personas era que esperaban muy poco de un Dios que estaba preparado para dar mucho.

Sin embargo, los años pasaron y algo sucedió. No fue una cosa, sino muchas. Cosas grandes y pequeñas, las fluctuaciones de la vida. Fueron las pruebas de la fe, algunas veces superadas y otras no. Fueron los pecados acumulados. Fueron las escaramuzas espirituales y las batallas mortales. Las decepciones y las dificultades y las circunstancias más allá del entendimiento. Todo esto se acumuló como un enorme montón negro que ensombreció mi sentido de que Dios todavía me amaba, todavía se interesaba por mí de manera tan tierna como cuando por primera vez me atrajo y se ganó mi corazón. En lugar de sentirme como una hija de Dios amada y querida, cubierta por el mar del amor divino, me sentía más bien como un barco cuyo casco incrustado de percebes llevaba demasiado tiempo en el agua. Ese barco necesitaba salir del agua salada y descansar por un tiempo al sol. Necesitaba manos amorosas y pacientes que lijaran todas las capas de sedimento para dejar la madera al descubierto, pulida. Necesitaba una pintura nueva y protectora de modo que otra vez pudiera lanzarse al resplandeciente mar.

No obstante, si esa era mi necesidad, ¿cómo podía yo, la madre de dos niños pequeños que estaba envejeciendo rápidamente, encontrar tiempo para descansar y ser restaurada? Mi hija mayor hacía poco me había recordado que mi próximo cumpleaños era motivo de una celebración especial porque ese día mi edad se correspondería exactamente con el número de votos electorales que tiene el estado de California. Si usted no sabe cuántos son, no voy a decirle. Basta con señalar que son más que los de cualquier otro estado de la unión.

Entonces tuve una idea que tenía muy poco que ver con cambiar mi rutina y sí con cambiar mi enfoque. Se me ocurrió luego de hablar con una amiga que me contó acerca de una época en su vida, años antes, en la que por fin se convenció del amor que Dios le tenía. Esperaba que mi amiga me revelara algo complicado y difícil, tal vez alguna tragedia de la que Dios la había librado o ayudado a salir. O quizá había practicado alguna disciplina espiritual muy difícil que produjo un resultado favorable. Sin embargo, se trataba de algo mucho más sencillo. Joan me contó que ella apenas había tomado una decisión: apartar un mes en el que actuaría como si Dios la amara. Durante todo ese mes, cada vez que se sentía tentada a dudar de su amor, sencillamente cambiaba sus pensamientos y luego concentraba toda la fuerza de su mente en creer que Dios la amaba. Y eso resolvió el problema, para siempre.

La confianza de Joan en que es amada ha moldeado su vida de maneras que ni ella misma comprende. Hace poco contempló una evidencia de que esto se había transmitido a alguien cercano a ella cuando uno de sus hijos, durante una época de su vida difícil en particular, señaló: «Estoy muy agradecido porque Dios me ama».

Mis hijas tienen diez y doce años mientras que yo, como ellas señalan reiteradamente, estoy llegando a la edad de la extinción. Tal vez es por eso que últimamente me descubro pensando en cómo proporcionarles un fundamento seguro. Tal vez pudiera comprarles una casa a cada una, pienso yo. Eso al menos les daría algo a lo cual recurrir en los tiempos difíciles. No obstante, entonces me acuerdo de sus cuentas de ahorro para la universidad, todavía enjutas, casi anoréxicas. También recuerdo que hay límites para lo que un padre o madre —para lo que esta madre— puede hacer por sus hijos. Sin embargo, ¿y si pudiera dejarles algo mejor que una enorme cuenta bancaria? Jesús habló de la abundancia de su provisión cuando se refirió a la gracia que Dios quiere derramar sobre nosotros: «una medida llena, apretada, sacudida y desbordante». Deseaba conocer el amor de Dios de esa manera llena, apretada, sacudida y desbordante para poder amar de una forma más intensa y fiel. Y quería que esto tuviera un efecto en las vidas de mis hijas.

Así que tenía una doble motivación, estaba decidida a recibir la gracia que sabía con seguridad que Dios quería darme a fin de poder disfrutarla y al mismo tiempo comunicarla. No obstante, dudaba de que con solo tratar de volver a entrenar mis pensamientos sería suficiente. Necesitaba algo positivo en lo cual enfocar mi mente. Entonces recordé la promesa que las Escrituras hacen sobre sí misma: «La palabra de Dios es viva y poderosa, y más cortante que cualquier espada de dos filos. Penetra hasta lo más profundo del alma y del espíritu, hasta la médula de los huesos» (Hebreos 4:12). Deseaba que la palabra penetrante de Dios cortara mi incredulidad, poniendo al descubierto mi necesidad. Quería escuchar la verdad de la propia boca de Dios.

Con el paso de los años, he leído la Biblia en varias ocasiones, avanzando desde Génesis hasta Apocalipsis, sin pasar por alto ni siquiera esas interminables genealogías. Sin embargo, como muchas personas que tienden a ser autocríticas, me resulta más fácil absorber los pasajes más duros de la Biblia que aquellos que hablan de la compasión de Dios. De alguna manera las dulces palabras parecen resbalar sobre mí como el agua que se hace gotas y resbala sobre un auto bien encerado.

Me pregunté qué pasaría si leía las Escrituras, pero en esta oportunidad en búsqueda de las palabras que todo ser humano anhela escuchar: palabras de misericordia, compasión, paz y amor. Sí, yo sé que toda palabra de Dios debe ser apreciada, ¿pero qué tal si durante un breve período de tiempo me concentraba solo en las palabras más dulces de Dios?

Ya que no aprendo tan rápido como mi amiga Joan, decidí elaborar un curso de recuperación para mí misma en el que pudiera reflexionar, mañana y tarde, en las palabras de Dios más dulces que lograra encontrar en el Antiguo y el Nuevo Testamentos. Una vez que recopilé dichos pasajes, deseaba sentarme con ellos no solo durante unos días, sino durante tres meses. Quería que estas palabras fueran como guardianes al final de cada uno de mis días, pasajes en los que pudiera empaparme y que trajera a la memoria cuando me sintiera tentada a dudar.

Dulces palabras de Dios, con amor para ti es el resultado de este proceso. Aunque el alma del libro es la Biblia, cada semana de lectura se presenta con algunas palabras referentes a mi avance (o retroceso) en la travesía. A pesar de que mis comentarios por lo general son breves, tienen la intención de registrar mis luchas y gozos, no porque yo crea que mi búsqueda sea tan digna de mención, sino porque es precisamente muy ordinaria y expresa el anhelo que todos tenemos de amar y ser amados, especialmente por aquel que nos creó. Espero que me acompañe en este viaje y se sumerja en estas Escrituras mañana y tarde, que escuche la voz de Dios y experimente su presencia.

Tal vez desee registrar la historia de su propio progreso llevando un diario donde explique la manera en que Dios le comunica su amor durante este tiempo. Dios tiene muchas cosas para que hagamos en esta vida, pero estoy convencida de que usted y yo las haremos mejor, con mucho más gozo y mayor impacto, si las hacemos con una confianza resuelta en el amor de Dios.

2
Dios habla palabras de compasión

רָחַם

RAHAM

La palabra hebrea *raham*, que significa «compasión», está estrechamente relacionada con la palabra hebrea *rehem*, que significa «vientre». A lo largo de las Escrituras, Dios refleja una especie de compasión maternal hacia su pueblo. En uno de los pasajes más conmovedores de la Biblia, Dios se le revela a Moisés como «El Señor, el Señor, Dios clemente y compasivo, lento para la ira y grande en amor y fidelidad» (Éxodo 34:6).

Jesús también muestra gran compasión hacia aquellos que están necesitados. En realidad, su compasión lo lleva a actuar a favor del enfermo, el ciego, el hambriento y aquellos que no tienen pastor. Incluso resucita a un hombre luego de presenciar el dolor de una madre. La compasión es un atributo de Dios y está estrechamente relacionada con la misericordia o la piedad. Las palabras griegas para compasión en el Nuevo Testamento son *eleos* y *splanchon*.

PERMITIENDO QUE LA PALABRA ME TRANSFORME

Comencé mi cacería en busca de las dulces palabras de Dios sintiéndome trastornada. Estaba angustiada por una situación en la escuela de una de mis hijas que cada vez empeoraba más. Pensaba en el dinero que no tenía, pero que necesitaba. Me sentía ansiosa por un plazo que se avecinaba. Estos y otros pensamientos desfilaban por mi mente una y otra vez, ya que no había encontrado la manera de hacerlos descansar.

¿Cómo podía elaborar un curso de recuperación sobre el amor de Dios cuando me sentía tan aislada, cuando mi energía seguía marchando en otra dirección? Me veía arando un campo lleno de malas hierbas, buscando en vano los granos dorados en medio de un matorral de distracciones. No obstante, a medida que comencé a leer las palabras de las Escrituras, sentí que me calmaba, me enfocaba, descansaba en las propias palabras:

> *El SEÑOR los espera, para tenerles piedad.*
> *El SEÑOR es compasivo.*
> *De todas sus angustias [...] los salvó.*
> *Los levantó y los llevó en sus brazos como en los*
> *tiempos de antaño.*
> *Y el SEÑOR le respondió: «Voy a darte pruebas de*
> *mi bondad, y te daré a conocer mi nombre».*

Me imaginé a Moisés cuando se encontró con la mayor sorpresa de su vida en el desierto, un Dios que lo estremecía no tanto por la muestra de su poder, sino por el grado de su amor y la intensidad de su deseo de ser conocido. Escuché mientras el salmista comparaba a Dios con un padre compasivo e Isaías lo equiparaba con una madre cuyo hijo se alimenta de su pecho con satisfacción. Sin embargo, lo que más me chocó fue una historia que había escuchado antes, muchas veces. Jesús la contó. Es acerca de un hijo que toma el dinero de su padre y se va con él a lugares desolados. Vive desatinadamente hasta que se termina el último centavo, y entonces en medio de la desesperación se ofrece para trabajar alimentando cerdos. Muerto de hambre, el hijo pródigo anhela poder llenar su barriga con la misma comida que comen los cerdos.

Me imaginé a la multitud que escuchaba, cautivada por la historia lamentable que Jesús estaba contando. El tonto hijo pródigo parece recibir lo que se merecía. ¡Qué manera tan horrible de tratar a su padre! Debido a que había malgastado todo, se quedó pobre. Incluso peor, aceptó un trabajo a fin de cuidar a los cerdos. Asociarse tanto y de manera constante con animales que Dios había declarado inmundos implicaba cruzar una frontera, distanciarse de un Dios santo. El descenso del hijo pródigo pudiera haber parecido completamente adecuado.

No obstante, los oyentes de Jesús no podían prever el sorpresivo final. En lugar de condenar públicamente a su hijo y desterrarlo de la comunidad, como hubiera sido el derecho de un padre judío, el padre del hijo pródigo corre a encontrarse con él cuando este regresa a casa y luego hace una fiesta para celebrar su regreso.

Pensé en el que contaba la historia, el único ser humano cuya visión de Dios nunca había estado distorsionada por el pecado. ¿No era el Hijo quien mejor podía decirnos cómo es realmente Dios el Padre?

También pensé en el hijo pródigo. Él era un buscador de placer. Podía identificarme con él debido a mis propias tentaciones: demasiada comida, vacaciones cómodas, sueños de una vida fácil. Sin embargo, detenerse demasiado en dichos sueños hace que el cuerpo se ponga flácido y gordo, y el alma languidece. Al pensar en mis propias tendencias y fracasos podía sentir que me hundía en una especie de hastío que parecía alejarme más de Dios. No obstante, ¿dónde quedaban las cosas que había estado leyendo sobre su compasión? Volví a enfocarme en lo que las Escrituras dicen sobre la actitud de Dios hacia nosotros. Al hacerlo, comencé a imaginar que él me esperaba en medio de mi debilidad, ni sorprendido ni repugnado por mi pecado, simplemente aguardando a que volviera en mí para poder darme la bienvenida.

Cuando esta imagen de Dios se hizo más clara, me pregunté cuán a menudo mi distorsionada manera de pensar acerca de él impide mi progreso en la vida espiritual. Recuerda lo que el hijo pródigo estaba pensando de regreso a casa: «Tengo que volver a mi padre y decirle: Papá, he pecado contra el cielo y contra ti. Ya no merezco que se me llame tu hijo; trátame como si fuera uno de tus jornaleros» (Lucas 15:18-19). Avergonzado de sí mismo, el hijo malentendió por completo el carácter de su padre. No tenía idea de lo que había en el corazón de su papá. Como esperaba el rechazo, debe haberse quedado pasmado ante la bienvenida entusiasta de su padre: «¡Pronto! Traigan la mejor ropa […] el ternero más gordo […] para celebrar un banquete» (Lucas 15:22-23).

Eso es lo que nos hace el pecado. Nos hace tontos, sobre todo en relación con Dios. Nos resulta imposible concebir a otra persona cuyas respuestas son mucho mejores que las nuestras. Imaginamos que Dios es simplemente una versión más grande y poderosa de nosotros mismos. Así que le adjudicamos motivos que están por debajo de él y son contrarios a su naturaleza.

A medida que continué orándole al Dios de la compasión, sentí que mi propio sentido de condenación disminuía. Pude contemplar mi debilidad con calma, honestidad y esperanza, ya que sabía que estaba en presencia de un Padre que me amaba. Mirarlo a él hizo que fuera más fácil mirarme a mí misma.

EN LA MAÑANA

Anhelo mostrarte piedad

Por eso el SEÑOR los espera, para tenerles piedad;
por eso se levanta para mostrarles compasión.
Porque el SEÑOR es un Dios de justicia.
¡Dichosos todos los que en él esperan!

Pueblo de Sión, que habitas en Jerusalén, ya no llorarás más. ¡El Dios de piedad se apiadará de ti cuando clames pidiendo ayuda! Tan pronto como te oiga, te responderá. Aunque el Señor te dé pan de adversidad y agua de aflicción, tu maestro no se esconderá más; con tus propios ojos lo verás. Ya sea que te desvíes a la derecha o a la izquierda, tus oídos percibirán a tus espaldas una voz que te dirá: «Éste es el camino; síguelo.»

❧

Señor, tú estás cerca incluso cuando mi corazón parece estar lejos de ti. Abre mis ojos para distinguir tu presencia. Ya sea que me vuelva a la derecha o a la izquierda, déjame encontrar tu amor.

Isaías 30:18-21

EN LA NOCHE

Me revelaré a ti

—Déjame verte en todo tu esplendor —insistió Moisés.

Y el SEÑOR le respondió:

—Voy a darte pruebas de mi bondad, y te daré a conocer mi nombre. Y verás que tengo clemencia de quien quiero tenerla, y soy compasivo con quien quiero serlo [...] El SEÑOR descendió en la nube y se puso junto a Moisés. Luego le dio a conocer su nombre, pasando delante de él, proclamó:

—El SEÑOR, el SEÑOR, Dios clemente y compasivo, lento para la ira y grande en amor y fidelidad.

He de ver la bondad del SEÑOR
en esta tierra de los vivientes.

❧

Señor, permite que tu bondad pase por delante de mí. Ayúdame a verte según eres y a vivir mi vida de acuerdo con esta visión.

Éxodo 33:18-19; 34:5-6; Salmo 27:13

Lunes

EN LA MAÑANA

Volveré a recibirte

Por fin recapacitó y se dijo: «¡Cuántos jornaleros de mi padre tienen comida de sobra, y yo aquí me muero de hambre! Tengo que volver a mi padre y decirle: Papá, he pecado contra el cielo y contra ti. Ya no merezco que se me llame tu hijo; trátame como si fuera uno de tus jornaleros». Así que emprendió el viaje y se fue a su padre.

Todavía estaba lejos cuando su padre lo vio y se compadeció de él; salió corriendo a su encuentro, lo abrazó y lo besó. El joven le dijo: «Papá, he pecado contra el cielo y contra ti. Ya no merezco que se me llame tu hijo.» Pero el padre ordenó a sus siervos: «¡Pronto! Traigan la mejor ropa para vestirlo. Pónganle también un anillo en el dedo y sandalias en los pies. Traigan el ternero más gordo y mátenlo para celebrar un banquete. Porque este hijo mío estaba muerto, pero ahora ha vuelto a la vida; se había perdido, pero ya lo hemos encontrado.» Así que empezaron a hacer fiesta.

De todas sus angustias.
Él mismo [el Señor] los salvó;
no envió un emisario ni un ángel.
En su amor y misericordia los rescató;

Lucas 15:17-24; Isaías 63:9

los levantó y los llevó en sus brazos
como en los tiempos de antaño.

❧

*Padre, tu Hijo Jesús te comparó con un hombre angustiado
que sintió compasión por su hijo insensato. Gracias por reve-
larme hoy tu corazón de padre para mí.*

EN LA NOCHE

Yo seré tu Padre

Tan grande es su amor por los que le temen
como alto es el cielo sobre la tierra.
Tan lejos de nosotros echó nuestras transgresiones
como lejos del oriente está el occidente.
Tan compasivo es el Señor con los que le temen
como lo es un padre con sus hijos.
Él conoce nuestra condición;
sabe que somos de barro.

❧

*Señor, mi debilidad no te sorprende. Soy tan frágil como el
barro bajo mis pies. Y no obstante, tú me aseguras que soy
un «barro amado». No permitas que esconda de mí esta verdad, sino lléname cada día de asombro ante la grandeza de
tu amor.*

Salmo 103:11-14

Martes

EN LA MAÑANA

No te olvidaré

Ustedes los cielos, ¡griten de alegría!
Tierra, ¡regocíjate!
Montañas, ¡prorrumpan en canciones!
Porque el SEÑOR consuela a su pueblo
y tiene compasión de sus pobres.
Pero Sión dijo: «El SEÑOR me ha abandonado;
el Señor se ha olvidado de mí.»
«¿Puede una madre olvidar a su niño de pecho,
y dejar de amar al hijo que ha dado a luz?
Aun cuando ella lo olvidara,
¡yo no te olvidaré!
Grabada te llevo en las palmas de mis manos;
tus muros siempre los tengo presentes».

❦

Señor, tú eres más amoroso que las madres más fieles. Gracias por tu promesa de nunca abandonarme, desampararme ni olvidarme. Abrázame fuerte, como a un niño que se amamanta del seno de su madre.

Isaías 49:13-16

EN LA NOCHE

Te mostraré mi eterno amor

El Señor nos ha rechazado,
pero no será para siempre.
Nos hace sufrir, pero también nos compadece,
porque es muy grande su amor.
El Señor nos hiere y nos aflige,
pero no porque sea de su agrado.

Aunque cambien de lugar las montañas
y se tambaleen las colinas,
no cambiará mi fiel amor por ti
ni vacilará mi pacto de paz,
—dice el Señor, que de ti se compadece—.

❧

Señor, quiero ponerle nombre a tu fidelidad, identificarte por la manera en que me tratas. Así que hoy te llamo no solamente Creador, Rey y Señor, sino el Dios amoroso que me ha mostrado compasión.

Lamentaciones 3:31-33; Isaías 54:10

Miércoles

EN LA MAÑANA

Me levantaré y tendré compasión

Te levantarás y tendrás piedad de Sión,
pues ya es tiempo de que la compadezcas.
¡Ha llegado el momento señalado!
Tus siervos sienten cariño por sus ruinas;
los mueven a compasión sus escombros.

Las naciones temerán el nombre del SEÑOR;
todos los reyes de la tierra reconocerán su
majestad.
Porque el SEÑOR reconstruirá a Sión,
y se manifestará en su esplendor.
Atenderá a la oración de los desamparados,
y no desdeñará sus ruegos.

Señor, tú no desprecias al desamparado. Ayúdame a no sentir vergüenza de mi necesidad, sino permite que me anime a clamar a ti con esperanza. ¡Que este sea el momento en que me muestres tu favor!

Salmo 102:13-17

EN LA NOCHE

¡No renunciaré a ti!

Yo te haré mi esposa para siempre,
 y te daré como dote el derecho y la justicia,
 el amor y la compasión […]
¡Yo no podría entregarte…!
¡Yo no podría abandonarte…! […]
Dentro de mí, el corazón me da vuelcos,
 y se me conmueven las entrañas […]
Pero no daré rienda suelta a mi ira […]
Porque en medio de ti no está un hombre,
sino estoy yo, el Dios santo.

Pues en ti [Señor] el huérfano halla compasión.

❦

Señor, te agradezco por la compasión que refrena tu ira y define tu corazón. Te alabo porque no piensas ni actúas como un ser humano, sino como un Dios santo, sorprendiéndome con tu bondad y animándome con tu amor apasionado.

Oseas 2:19; 11:8-9; 14:3

Jueves

EN LA MAÑANA

Yo miro con compasión

El Señor es compasivo y justo;
nuestro Dios es todo ternura.
El Señor protege a la gente sencilla;
estaba yo muy débil, y él me salvó.
¡Ya puedes, alma mía, estar tranquila,
que el Señor ha sido bueno contigo!
Tú me has librado de la muerte,
has enjugado mis lágrimas,
no me has dejado tropezar.

Sin duda, el Señor consolará a Sión;
consolará todas sus ruinas.
Convertirá en un Edén su desierto;
en huerto del Señor sus tierras secas.
En ella encontrarán alegría y regocijo,
acción de gracias y música de salmos.

Dios, gracias porque puedo descansar debido a lo que tú ya has hecho por mí. Ayúdame a recordar tu bondad cuando esté molesta o preocupada. Que el recuerdo de tu bondad transforme mis expectativas en cuanto al presente y el futuro.

Salmo 116:5-8; Isaías 51:3

EN LA NOCHE

Te trataré con bondad

El Señor te llamará
como a esposa abandonada;
como a mujer angustiada de espíritu,
como a esposa que se casó joven
tan sólo para ser rechazada —dice tu Dios—.
Te abandoné por un instante,
pero con profunda compasión
volveré a unirme contigo.
Por un momento, en un arrebato de enojo,
escondí mi rostro de ti;
pero con amor eterno
te tendré compasión —dice el Señor, tu
Redentor—.

Para mí es como en los días de Noé,
cuando juré que las aguas del diluvio
no volverían a cubrir la tierra.
Así he jurado no enojarme más contigo,
ni volver a reprenderte.

Señor, tú usas palabras como «por un instante» y «por un momento» para describir tu ira y palabras como «profunda» y «eterna» para describir tu bondad y tu compasión. Por favor, no escondas tu rostro de mí esta noche. Lléname más bien con la firme certeza de tu bondad eterna.

Isaías 54:6-9

Viernes

EN LA MAÑANA

Me deleito en la bondad

Así dice el SEÑOR:
«Que no se gloríe el sabio de su sabiduría,
ni el poderoso de su poder,
ni el rico de su riqueza.
Si alguien ha de gloriarse,
que se gloríe de conocerme
y de comprender que yo soy el SEÑOR,
que actúo en la tierra con amor,
con derecho y justicia,
pues es lo que a mí me agrada —afirma el
 SEÑOR—».

❧

Señor, ayúdame a jactarme no de lo que soy, sino de quién eres tú. No dejes que nunca se me acaben las palabras de alabanza por tu bondad y tu benevolencia.

Jeremías 9:23-24

EN LA NOCHE

Restauraré tu fortuna

El Señor defenderá a su pueblo
cuando lo vea sin fuerzas;
tendrá compasión de sus siervos
cuando ya no haya ni esclavos ni libres.

Cuando tú y tus hijos se vuelvan al Señor tu Dios y le obe-
dezcan con todo el corazón y con toda el alma, tal como hoy te
lo ordeno, entonces el Señor tu Dios restaurará tu buena fortuna y se compadecerá de ti. ¡Volverá a reunirte de todas las
naciones por donde te haya dispersado! Aunque te encuentres
desterrado en el lugar más distante de la tierra, desde allá el
Señor tu Dios te traerá de vuelta, y volverá a reunirte.

❦

*Señor, gracias por asegurarnos que nadie está nunca fuera
del alcance de tu compasión. Oro por aquellos que parecen
distanciados de ti. Dales la gracia para regresar a tu lado y
que sean sanados. Tráeles de tierras lejanas y restáurales sus
fortunas.*

Deuteronomio 32:36; Deuteronomio 30:2-4

Sábado

EN LA MAÑANA

Vístete de compasión

Por lo tanto, como escogidos de Dios, santos y amados, revístanse de afecto entrañable y de bondad, humildad, amabilidad y paciencia, de modo que se toleren unos a otros y se perdonen si alguno tiene queja contra otro. Así como el Señor los perdonó, perdonen también ustedes. Por encima de todo, vístanse de amor, que es el vínculo perfecto.

En cambio, el fruto del Espíritu es amor, alegría, paz, paciencia, amabilidad, bondad, fidelidad, humildad y dominio propio. No hay ley que condene estas cosas.

❧

Señor, mientras me visto en esta mañana, ayúdame a visualizarme a mí misma poniéndome como atuendo la compasión, la bondad, la humildad, la gentileza y la paciencia. Vísteme con tu Espíritu para que tu bondad se revele a través de mí.

Colosenses 3:12-14; Gálatas 5:22-23

EN LA NOCHE

Yo soy el Dios de todo consuelo

Alabado sea el Dios y Padre de nuestro Señor Jesucristo, Padre misericordioso y Dios de toda consolación, quien nos consuela en todas nuestras tribulaciones para que con el mismo consuelo que de Dios hemos recibido, también nosotros podamos consolar a todos los que sufren. Pues así como participamos abundantemente en los sufrimientos de Cristo, así también por medio de él tenemos abundante consuelo. Si sufrimos, es para que ustedes tengan consuelo y salvación; y si somos consolados, es para que ustedes tengan el consuelo que los ayude a soportar con paciencia los mismos sufrimientos que nosotros padecemos. Firme es la esperanza que tenemos en cuanto a ustedes, porque sabemos que así como participan de nuestros sufrimientos, así también participan de nuestro consuelo.

❦

Padre de compasión y Dios de todo consuelo, por favor, no dejes que mis problemas sean desperdiciados. Úsalos para volver a moldear mi corazón a fin de consolar a otros con el consuelo que me das a mí.

2 Corintios 1:3-7

RECORDARÉ ESTO

Por eso el Señor los espera, para tenerles piedad;
por eso se levanta para mostrarles compasión.
Porque el Señor es un Dios de justicia.
¡Dichosos todos los que en él esperan!

....

Yo mismo iré contigo y te daré descanso.

....

El Señor, el Señor, Dios clemente y compasivo,
lento para la ira y grande en amor y fidelidad.

....

He de ver la bondad del Señor en esta tierra de los
vivientes.

....

Hace varios años, Philip Yancey escribió un libro titulado *Desilusión con Dios*. Enseguida se convirtió en un éxito de ventas, lo cual fue al menos en parte porque Philip se las arregló para tocar una dificultad que muchos tienen, pero pocos reconocen. Además de esa sensación de desilusión con Dios, creo que muchos padecemos de un sentimiento profundo de desilusión con nosotros mismos. La honestidad nos obliga a reconocer que no somos el tipo de personas que queremos ser.

Sin embargo, ¿es mala la desilusión? ¿Y qué tal si eso significa que estamos progresando en la vida espiritual porque al fin hemos desarrollado la confianza suficiente como para reconocer quiénes somos delante de Dios? Mientras reflexionaba esta semana, no pude menos que percibir cuán a menudo las Escrituras vinculan la compasión de Dios con la debilidad de su pueblo: *En toda angustia de ellos él fue angustiado [...] sabe que somos de barro [...] Atenderá a la oración de los desamparados [...] Sin duda, el SEÑOR consolará a Sión; consolará todas sus ruinas [...] El SEÑOR defenderá a su pueblo cuando lo vea sin fuerzas; tendrá compasión de sus siervos cuando ya no haya ni esclavos ni libres.*

Así que me haré el hábito de venir delante del Señor, sin esconder mis «ruinas» y sin pretender ser fuerte cuando soy débil. En medio de mi desolación, Dios me mostrará su compasión.

Isaías 30:18; Éxodo 33:14; Éxodo 34:6; Salmo 27:13

3
Dios habla palabras de perdón

....

נָשָׂא סָלַח
NASA, SALAH

La palabra hebrea *nasa* significa «llevar, soportar, levantar o perdonar». *Salah* significa «perdonar» o «ser perdonado». Sin perdón, nuestras vidas no tendrían esperanza, ya que nuestra relación con Dios estaría rota para siempre. Así como en los edificios se emplea una red de cables para conducir la electricidad, nosotros tenemos «conexiones» hacia Dios. No obstante, el pecado interrumpe esa conexión. Sin el perdón de Dios, seríamos como una ciudad que de repente se queda a oscuras debido a un daño irreparable en su red de electricidad. Dios, motivado por su gran compasión y su deseo de restablecer nuestra conexión vital con él, extiende el perdón misericordiosamente a cualquiera que lo pida y también esté dispuesto a darlo a otros.

En el Nuevo Testamento, Pablo ve el perdón no solo como la eliminación de la culpa por los pecados pasados, sino como una liberación del poder del pecado como tal. La palabra griega que se usa fundamentalmente en el Nuevo Testamento para hacer alusión al perdón divino es *aphesis*. Es la vida, la muerte y la resurrección de Jesucristo lo que trae perdón a todos los que le pertenecen.

PERMITIENDO QUE LA PALABRA ME TRANSFORME

Esta semana, mientras leía las Escrituras, afloraban diferentes ideas y sentimientos que se agrupaban en una especie de *collage* en lugar de convertirse en un tema general.

Hace unos años escuché a un amigo, un buen hombre, reconocer que se sentía «como la peor mofeta del infierno». Su descripción de sí mismo parecía irrisoria, aunque sus sentimientos no lo eran. Creo que la mayoría de las personas, al menos las honestas, confesarían que en ocasiones hacen o dicen cosas que las hacen sentir abominables y como si fueran una mofeta. ¿Qué tienen el pecado y la fragilidad humana que nos hacen sentir tan avergonzados?

Empecé pensando que el pecado cuenta con cierta trayectoria. Te lleva a algún lugar y produce consecuencias mucho después de que tuviste el placer de cometerlo. Reflexioné en las consecuencias del primero de los pecados, el que la Biblia muestra en el Edén. Me imaginé algo como el Big Bang, la teoría que dice que el universo comenzó con una explosión que envió a la materia a toda velocidad a través del espacio y el tiempo. Pude imaginar aquel primer acto de desobediencia como una gran explosión que expulsó a todo y a todos de la presencia de un Dios santo. Nos mandó rodando a la oscuridad, incapaces de encontrar el camino de regreso a la fuente de nuestra vida, fracturados, aislados y divididos.

Entonces me acordé de cómo C. S. Lewis muestra el infierno en su libro *El gran divorcio*. En lugar de imaginarlo como un lugar en llamas, lo muestra como una ciudad diseminada sobre la cual cae constantemente una llovizna. Los habitantes están aislados, viven cada vez más alejados unos de otros. Los más malos se mudan más lejos y viven en completo aislamiento y soledad. Mi teoría del «Big Bang» para el pecado parecía coincidir bastante bien con la descripción de Lewis del lugar al que el pecado al final lleva a una persona.

Sin embargo, supe también que algo más sucedió después que el pecado hizo un hoyo en el universo. Ya que a Dios no le agradó dejar que las cosas siguieran su curso normal, la esperanza apareció en escena. En Jesús, me imaginé a Dios envolviendo al universo con sus brazos para que volviera a ser perfecto, a fin de revertir la terrible reacción en cadena que había echado a andar.

Luego, sin avisar, mis pensamientos tomaron un carácter más personal y menos cósmico. Comencé a pensar en cómo había reaccionado durante los primeros meses de la guerra de Irak, cuando mataron a los dos hijos de Saddam Hussein. «¡Qué bueno!». En ambos casos mi reacción fue instintiva, como si le estuviera dando ánimo a mi equipo favorito de fútbol. Le habían dado un golpe a los malos. Deseaba celebrar. Pero entonces un pensamiento desconcertante me invadió. ¿Se alegraba Jesús de la muerte de esos dos hombres? No podía imaginármelo.

Acudí a las Escrituras. *No condenen, y no se les condenará. Perdonen, y se les perdonará. Porque si perdonan a otros sus ofensas, también los perdonará a ustedes su Padre celestial. ¿Cuántas veces tengo que perdonar? Setenta y siete veces.* Estas fueron las palabras de Jesús. Sin embargo, ¿tengo que perdonar en realidad a los violadores y los que cometen matanzas?

Entonces leí la historia de una niña de cinco años en Dorchester, Massachusetts. Dos años antes la pequeña Kai Leigh Harriott estaba sentada en el balcón de su casa cantando, simplemente cantando, cuando una bala perdida alcanzó su cuerpo y destrozó su espina dorsal. Ella nunca podrá caminar otra vez, no dará ni un solo paso más. Al parecer, un hombre llamado Anthony Warren tenía un mal día, tan malo que disparó tres balazos al edificio de apartamentos de Kai en medio de una discusión que sostenía con dos mujeres que estaban dentro del edificio.

Dos años después, sentada en una silla de ruedas en el tribunal del condado de Suffolk, Kai, ya con cinco años, empezó a llorar. Luego miró a su acusador: «Lo que usted me hizo estuvo mal», pero sus palabras siguientes sorprendieron a todo el mundo, incluso a su madre. Ella miró a la sala del tribunal y dijo con palabras suaves, pero seguras: «Sin embargo, aun así lo perdono»[1].

Kai no estaba perdonando una clase de mal a larga distancia, como el que yo había estado considerando en Irak. Este era el tipo de mal directo, agresivo, que puede arruinar una vida en un instante. Su acto de perdón le dio vida a las palabras de Jesús. Me demostró lo que sería necesario hacer si algo así me sucedía a mí o un ser querido alguna vez.

Este Jesús pide mucho.

Sí, pero él da mucho también.

Recordé una de mis películas favoritas: *La misión*. La escena que me persigue es una que muestra el perdón que experimenté como nueva cristiana. La historia se desarrolla en el siglo dieciocho, en América del Sur. Robert De Niro representa a un traficante de esclavos y mercenario llamado Rodrigo Mendoza. Un día, en un arranque de ira, mata a su propio hermano. Como no podía lidiar con la culpa que sentía, Rodrigo va a hablar con un misionero jesuita, el cual le aconseja que idee una penitencia para sí mismo. Por consiguiente, el traficante decide atarse a una carga insoportable: una red llena con su propia armadura, una imagen de la vida que está tratando de dejar atrás. Entonces, arrastrando su armadura tras de sí, él lucha vanamente para tratar de subir un acantilado, el camino que lleva a la nueva misión que los jesuitas han establecido en la jungla. Es una misión dirigida a una tribu de indios suramericanos, a muchos de los cuales Mendoza había ayudado a esclavizar.

Resulta doloroso contemplar la escena. Rodrigo, sudoroso, ensangrentado y sucio, avanza tortuosamente por la ladera de la montaña, tropezando muchas veces y cayendo. Recuerdo que yo aguantaba la respiración mientras lo veía arrastrar la armadura por la ladera del acantilado, consciente de que el peso de su carga podía vencerlo en cualquier momento y arrastrarlo hacia abajo. Entonces, de repente, aparece un indio en el borde del acantilado. Mira a Rodrigo que está abajo. En la mano tiene un cuchillo. Este es el momento de vengar a su pueblo. No obstante, en lugar de vengarse, estira la mano, corta la red de la espalda de Rodrigo y luego hala al hombre infeliz por encima del borde del acantilado y lo salva.

Es difícil ver la película y no establecer un paralelo con lo que se siente al andar cargando nuestras propias culpas insoportables. Recuerdo la sensación de pura misericordia que me invadió hace años cuando por fin reconocí mis fallas y me dispuse a recibir el perdón de Dios. Mientras recordaba cuán misericordioso había sido el Señor, sentí el deseo de orar por un cambio de parecer. En lugar de alegrarme por el fallecimiento de aquellos hombres en Irak, quería la gracia para perdonar como yo había sido perdonada, a fin de permitir que la justicia pura quedara donde debe estar: en las manos de Dios.

Pensé en las palabras del padre Lyndon Harris de la capilla de San Pablo, que está al lado del World Trade Center.

Al presenciar el ataque del 11 de septiembre y las sombrías secuelas, el capellán se hacía la misma pregunta una y otra vez: «¿Cómo, en el nombre de Dios, literalmente, cómo en el nombre de Dios le ponemos fin a este ciclo de violencia y venganza?». Su conclusión: «El perdón es la manera de decirle que no a la perpetuación de la violencia por la violencia». Él dijo: «El perdón es el camino para crear el futuro»[2].

Ese es el camino que Dios escogió. Es el futuro que yo escojo, para mí y para mis hijas. Señor, ayúdame a perdonar.

EN LA MAÑANA

Soy lento para la ira

Alaba, alma mía, al SEÑOR;
alabe todo mi ser su santo nombre.
Alaba, alma mía, al SEÑOR,
y no olvides ninguno de sus beneficios.
Él perdona todos tus pecados
y sana todas tus dolencias;
él rescata tu vida del sepulcro
y te cubre de amor y compasión;
él colma de bienes tu vida
y te rejuvenece como a las águilas.

El SEÑOR hace justicia
y defiende a todos los oprimidos.
Dio a conocer sus caminos a Moisés;
reveló sus obras al pueblo de Israel.
El SEÑOR es clemente y compasivo,
lento para la ira y grande en amor.
No sostiene para siempre su querella
ni guarda rencor eternamente.
No nos trata conforme a nuestros pecados
ni nos paga según nuestras maldades.
Tan grande es su amor por los que le temen
como alto es el cielo sobre la tierra.
Tan lejos de nosotros echó nuestras transgresiones
como lejos del oriente está el occidente.

Salmo 103:1-12

Señor, ayúdame a recordar lo que tú ya hiciste: perdonar todos los pecados que haya cometido por siempre, grandes o pequeños, ocultos o evidentes. El poder de tu perdón ha sanado mi pasado y rediseñado mi futuro. Gracias, Señor Jesús.

EN LA NOCHE

No tomo en cuenta tus pecados

Si tú, SEÑOR, tomaras en cuenta los pecados,
¿quién, Señor, sería declarado inocente?
Pero en ti se halla perdón,
y por eso debes ser temido.
Espero al SEÑOR, lo espero con toda el alma;
en su palabra he puesto mi esperanza.
Espero al SEÑOR con toda el alma,
más que los centinelas la mañana.
Como esperan los centinelas la mañana,
así tú, Israel, espera al SEÑOR.
Porque en él hay amor inagotable;
en él hay plena redención.
Él mismo redimirá a Israel
de todos sus pecados.

Señor, gracias porque no tomas en cuenta mis pecados. Ayúdame a vivir con la expectativa de que cuando me ves, observas a alguien que le pertenece a tu Hijo. Trátame Dios, no según mis fallas, sino de acuerdo a tu amor inalterable.

Salmo 130:3-8

Lunes

EN LA MAÑANA

Hablaré con cariño

¡Consuelen, consuelen a mi pueblo!
—dice su Dios—.
Hablen con cariño a Jerusalén,
y anúncienle
que ya ha cumplido su tiempo de servicio,
que ya ha pagado por su iniquidad […]
Una voz proclama:
«Preparen en el desierto
un camino para el SEÑOR;
enderecen en la estepa
un sendero para nuestro Dios.
Que se levanten todos los valles,
y se allanen todos los montes y colinas;
que el terreno escabroso se nivele
y se alisen las quebradas.
Entonces se revelará la gloria del SEÑOR,
y la verá toda la humanidad. El SEÑOR mismo lo ha
dicho.»

✦

Señor, mi corazón es como un desierto sin ti, lleno de lugares áridos y terrenos escabrosos. Llévame de vuelta a ti de una manera más profunda. Que nada se interponga en el camino de tu amor firme y perdonador.

Isaías 40:1-5

EN LA NOCHE

No te abandonaré

Pero ellos y nuestros padres fueron altivos;
no quisieron obedecer tus mandamientos.
  Se negaron a escucharte;
  no se acordaron de las maravillas
  que hiciste por ellos.
  Fue tanta su terquedad y rebeldía
  que hasta se nombraron un jefe
  para que los hiciera volver a la esclavitud de Egipto.
  Pero tú no los abandonaste
  porque eres Dios perdonador,
  clemente y compasivo,
  lento para la ira y grande en amor.

  Porque lo dice el excelso y sublime,
  el que vive para siempre, cuyo nombre es santo:
  «Yo habito en un lugar santo y sublime,
  pero también con el contrito y humilde de espíritu,
  para reanimar el espíritu de los humildes
  y alentar el corazón de los quebrantados.

Señor, tú nunca me has fallado ni abandonado a pesar de que «altivo» y «terco» son palabras que a veces se aplican a mí, tal y como en ocasiones se aplicaron a tu pueblo. Gracias por permanecer cerca, guiarme en los tiempos difíciles, sostenerme cuando soy débil y mostrarme el camino cuando estoy confundida. Concédeme el don de un espíritu humilde y contrito, un corazón que atraiga tu presencia y refleje tu gracia.

Nehemías 9:16-17; Isaías 57:15

EN LA MAÑANA

No me acordaré de tus pecados

Éste es el pacto que después de aquel tiempo haré con el pueblo de Israel —afirma el SEÑOR—: Pondré mi ley en su mente, y la escribiré en su corazón. Yo seré su Dios, y ellos serán mi pueblo. Ya no tendrá nadie que enseñar a su prójimo, ni dirá nadie a su hermano: «¡Conoce al SEÑOR!», porque todos, desde el más pequeño hasta el más grande, me conocerán —afirma el SEÑOR—. Yo les perdonaré su iniquidad, y nunca más me acordaré de sus pecados.

Corro por el camino de tus mandamientos,
porque has ampliado mi modo de pensar.

Señor, gracias por tratar con las cosas que están torcidas y rotas en mi interior, no solo por mostrarme mi pecado, sino por darme la capacidad de cambiar. Te alabo porque no toleraste la distancia que había entre nosotros. Trataste con mi pecado para que yo pudiera recibir tu amor.

Jeremías 31:33-34; Salmo 119:32

EN LA NOCHE

Corregiré tu rebeldía

Conozcamos al SEÑOR;
vayamos tras su conocimiento.
Tan cierto como que sale el sol,
él habrá de manifestarse;
vendrá a nosotros como la lluvia de invierno,
como la lluvia de primavera que riega la tierra.

Yo corregiré su rebeldía
y los amaré de pura gracia,
porque mi ira contra ellos se ha calmado.
Yo seré para Israel como el rocío,
y lo haré florecer como lirio.
¡Hundirá sus raíces como cedro del Líbano!

Señor, hubo una época en la que estaba muy lejos de ti. Sin embargo, tú venciste la distancia mediante tu amor fuerte y perdonador. ¿Cómo puedo dudar de tu amor cuando resulta evidente a todo mi alrededor? Ayúdame a encontrar maneras de recordar cuán bueno has sido conmigo al contarles a otros lo que has hecho.

Oseas 6:3; Oseas 14:4-5

EN LA MAÑANA

Me volveré a ti

Vuélvanse a mí, y yo me volveré a ustedes
—afirma el SEÑOR Todopoderoso—.

Rásguense el corazón
y no las vestiduras.
Vuélvanse al SEÑOR su Dios,
porque él es bondadoso y compasivo,
lento para la ira y lleno de amor,
cambia de parecer y no castiga.
Tal vez Dios reconsidere y cambie de parecer,
y deje tras de sí una bendición.

Señor, perdóname por culparte por los problemas en mi vida como si fueras tú y no yo quien necesita cambiar. Ayúdame a volverme a ti con toda confianza. Permíteme experimentar tu amor abundante y desbordante.

Zacarías 1:3; Joel 2:13-14

EN LA NOCHE

Me dejaré encontrar

He disipado tus transgresiones como el rocío,
y tus pecados como la bruma de la mañana.
Vuelve a mí, que te he redimido.

Me buscarán y me encontrarán, cuando me
busquen de todo corazón. Me dejaré encontrar
—afirma el SEÑOR.

Los miraré favorablemente, y los haré volver a este país.
Los edificaré y no los derribaré, los plantaré y no los arranca-
ré. Les daré un corazón que me conozca, porque yo soy el SE-
ÑOR. Ellos serán mi pueblo, y yo seré su Dios, porque volverán
a mí de todo corazón.

❦

*Señor, me encanta la imagen de la bruma de la mañana que
disipa mis pecados. Ayúdame a traer esta imagen a mi mente
la próxima vez que necesite pedirte perdón. No me dejes darle
más poder a mi pecado que a tu perdón.*

Isaías 44:22; Jeremías 29:13-14; Jeremías 24:6-7

EN LA MAÑANA

No acabaré de romper la caña quebrada

Y tú, hijito mío, serás llamado profeta del Altísimo,
porque irás delante del Señor para prepararle el
camino.
Darás a conocer a su pueblo la salvación
mediante el perdón de sus pecados,
gracias a la entrañable misericordia de nuestro
Dios.
Así nos visitará desde el cielo el sol naciente,
para dar luz a los que viven en tinieblas,
en la más terrible oscuridad,
para guiar nuestros pasos por la senda de la paz.

No acabará de romper la caña quebrada
ni apagará la mecha que apenas arde.

*Padre, gracias por enviar a tu Hijo para sacarnos de la oscu-
ridad de nuestros pecados y llevarnos por la senda de la paz.
Ayúdame hoy a experimentar tu tierna misericordia y luego
reflejarla a aquellos que han sido dañados y quebrantados
por la vida.*

Lucas 1:76-79; Mateo 12:20

EN LA NOCHE

Yo no te condeno

—Maestro, a esta mujer se le ha sorprendido en el acto mismo de adulterio. En la ley Moisés nos ordenó apedrear a tales mujeres. ¿Tú qué dices? Con esta pregunta le estaban tendiendo una trampa, para tener de qué acusarlo. Pero Jesús se inclinó y con el dedo comenzó a escribir en el suelo. Y como ellos lo acosaban a preguntas, Jesús se incorporó y les dijo:

—Aquel de ustedes que esté libre de pecado, que tire la primera piedra. E inclinándose de nuevo, siguió escribiendo en el suelo. Al oír esto, se fueron retirando uno tras otro, comenzando por los más viejos, hasta dejar a Jesús solo con la mujer, que aún seguía allí. Entonces él se incorporó y le preguntó:

—Mujer, ¿dónde están? ¿Ya nadie te condena?

—Nadie, Señor.

—Tampoco yo te condeno. Ahora vete, y no vuelvas a pecar.

Por lo tanto, ya no hay ninguna condenación para los que están unidos a Cristo Jesús.

❦

Jesús, ¿qué estabas garabateando en el polvo cuando te detuviste frente a los acusadores de la mujer? Algunos dicen que estabas escribiendo los pecados de cada hombre. Gracias por ofrecer redención en lugar de condenación. Ayúdame a permanecer libre mientras lucho con los hábitos y patrones pecaminosos que todavía influyen en mí.

Juan 8:4-11; Romanos 8:1

Viernes

EN LA MAÑANA

Te sanaré y te perdonaré

Sin embargo, les daré salud y los curaré; los sanaré y haré que disfruten de abundante paz y seguridad. Cambiaré la suerte de Judá y de Israel, y los reconstruiré como al principio. Los purificaré de todas las iniquidades que cometieron contra mí; les perdonaré todos los pecados con que se rebelaron contra mí. Jerusalén será para mí motivo de gozo, y de alabanza y de gloria a la vista de todas las naciones de la tierra. Se enterarán de todo el bien que yo le hago, y temerán y temblarán por todo el bienestar y toda la paz que yo le ofrezco.

¿Qué Dios hay como tú,
que perdone la maldad
y pase por alto el delito
del remanente de su pueblo?
No siempre estarás airado,
porque tu mayor placer es amar.
Vuelve a compadecerte de nosotros.
Pon tu pie sobre nuestras maldades
y arroja al fondo del mar todos nuestros pecados.

Amigo, tus pecados quedan perdonados.

54

Señor, gracias por sanar las heridas que el pecado causó en mi mente y mi corazón, en especial las que me volvieron desconfiada y temerosa. Gracias por cambiarme y darme paz. Que otros sepan cuán grande eres al ver todas las cosas buenas que has hecho por mí.

EN LA NOCHE

Me regocijaré en ti

Él entonces les contó esta parábola: «Supongamos que uno de ustedes tiene cien ovejas y pierde una de ellas. ¿No deja las noventa y nueve en el campo, y va en busca de la oveja perdida hasta encontrarla? Y cuando la encuentra, lleno de alegría la carga en los hombros y vuelve a la casa. Al llegar, reúne a sus amigos y vecinos, y les dice: "Alégrense conmigo; ya encontré la oveja que se me había perdido". Les digo que así es también en el cielo: habrá más alegría por un solo pecador que se arrepienta, que por noventa y nueve justos que no necesitan arrepentirse.

»O supongamos que una mujer tiene diez monedas de plata y pierde una. ¿No enciende una lámpara, barre la casa y busca con cuidado hasta encontrarla? Y cuando la encuentra, reúne a sus amigas y vecinas, y les dice: "Alégrense conmigo; ya encontré la moneda que se me había perdido". Les digo que así mismo se alegra Dios con sus ángeles por un pecador que se arrepiente».

Jeremías 33:6-9; Miqueas 7:18-19; Lucas 5:20

Jesús, es raro estar perdido y no saberlo. No obstante, yo lo estaba. Gracias por buscarme cuando no quería tener que ver nada contigo. No permitas que me aleje de ti ni que me olvide de cómo has bendecido mi vida.

Lucas 15:3-10

Sábado

EN LA MAÑANA

Te perdonaré si perdonas a otros

Porque si perdonan a otros sus ofensas, también los perdonará a ustedes su Padre celestial.

Pedro se acercó a Jesús y le preguntó:
—Señor, ¿cuántas veces tengo que perdonar a mi hermano que peca contra mí? ¿Hasta siete veces?
—No te digo que hasta siete veces, sino hasta setenta y siete veces —le contestó Jesús.

No juzguen, y no se les juzgará. No condenen, y no se les condenará. Perdonen, y se les perdonará. Den, y se les dará: se les echará en el regazo una medida llena, apretada, sacudida y desbordante. Porque con la medida que midan a otros, se les medirá a ustedes.

☙

Dios, concédeme la gracia para perdonar sin restricciones de modo que de igual manera se me perdone a mí. Permíteme celebrar tu perdón al ser generosa con aquellos que me ofenden.

Mateo 6:14; Mateo 18:21-22; Lucas 6:37-38

EN LA NOCHE

Te enseñaré a orar

—Tengan fe en Dios —respondió Jesús—. Les aseguro que si alguno le dice a este monte: "Quítate de ahí y tírate al mar", creyendo, sin abrigar la menor duda de que lo que dice sucederá, lo obtendrá. Por eso les digo: Crean que ya han recibido todo lo que estén pidiendo en oración, y lo obtendrán. Y cuando estén orando, si tienen algo contra alguien, perdónenlo, para que también su Padre que está en el cielo les perdone a ustedes sus pecados.

Un día estaba Jesús orando en cierto lugar. Cuando terminó, le dijo uno de sus discípulos:

—Señor, enséñanos a orar, así como Juan enseñó a sus discípulos.

Él les dijo:

—Cuando oren, digan:

"Padre, santificado sea tu nombre.

Venga tu reino.

Danos cada día nuestro pan cotidiano.

Perdónanos nuestros pecados,

porque también nosotros perdonamos a todos los

que nos ofenden".

Señor, tú pides cosas difíciles: perdonar a todo el que peque contra nosotros. Y no obstante, has hecho lo más difícil: perdonar a los que abusan de los niños, los racistas, los asesinos, los adúlteros, los ladrones, los chismosos, los glotones y los mentirosos; tú perdonas a todo el que se arrepiente, incluyéndome a mí. Ayúdame a imitarte al concederle el perdón a todo el que me hiera. Dame la gracia para dejar en tus manos el juicio final.

Marcos 11:22-25; Lucas 11:1-4

RECORDARÉ ESTO

Tan lejos de nosotros echó nuestras transgresiones
 como lejos del oriente está el occidente.

. . . .

He disipado tus transgresiones como el rocío,
y tus pecados como la bruma de la mañana.

. . . .

Vuelve a compadecerte de nosotros.
Pon tu pie sobre nuestras maldades
y arroja al fondo del mar todos nuestros pecados.

. . . .

No acabará de romper la caña quebrada
ni apagará la mecha que apenas arde.

. . . .

Habrá más alegría por un solo pecador que se
arrepienta, que por noventa y nueve justos que no
necesitan arrepentirse.

. . . .

Entiendo que el perdón puede ser un proceso. Comienza
cuando decido perdonar, pero puede llevarme tiempo desha-
cerme de mis reacciones emocionales ante lo que alguien ha
hecho y mi deseo de verlos sufrir por ello. Sin embargo, Dios

Salmo 103:12; Isaías 44:22; Miqueas 7:19; Mateo 12:20; Lucas 15:7

no tiene reacciones emocionales. Su perdón tiene lugar de inmediato, en el momento en que me arrepiento.

Recuerdo la primera vez que entendí cuán positivo es el arrepentimiento. La palabra griega que a menudo se traduce como «arrepentimiento» es *metanoia*. La misma expresa la idea de volverse, dar la media vuelta, alejarse de una cosa para dirigirse a otra. No se trata solo de *alejarse* del poder desintegrador del pecado, sino de *volverse hacia* el poder creativo y vivificador de Dios. Es escoger estar en la luz y no permanecer en las tinieblas.

Durante esta semana, mientras leía las Escrituras, me llamó la atención las imágenes fuertes, incluso extremas, que muestran acerca de cómo Dios trata con nuestros pecados una vez que nos arrepentimos: él los pisotea, los disipa como a la bruma, los lanza al fondo del mar, los arranca y los arroja lejos de nosotros.

Con todo, aunque esto sea así, no pude evitar preguntarme por qué algunas veces no me siento perdonada a pesar de que me he arrepentido. Entonces me di cuenta de que existen al menos tres cosas que pudieran afectar mi experiencia. Primero, mi tendencia es querer castigarme por mis fracasos. Segundo, mis sentimientos no siempre reflejan la realidad. El hecho de que yo no me *sienta* perdonada no significa que Dios no me haya perdonado. Tercero, y me resulta fácil pasar esto por alto, no me he arrepentido por completo todavía. Tal vez le estoy pidiendo a Dios que me perdone no porque lamente algo que hice o dejé de hacer, sino simplemente porque quiero protegerme del dolor emocional.

No me gusta que mi debilidad quede al descubierto. Me resulta difícil mirar directamente a mi corazón, que se haga mella en mis ilusiones. Tal vez al reducir el ritmo y permitirme sentir el dolor, sin revolcarme en él, se me dará la gracia para reconocer qué llevó a mi fracaso. Tal vez Dios me dará no solo su perdón, sino el tipo de entendimiento que me ayudará a romper con los hábitos y patrones que llevan al pecado.

Tal vez para la mayoría de nosotros recibir el perdón de Dios, al igual que darlo, es un proceso más que un suceso. Hoy pido en oración la gracia para ser paciente con el proceso la próxima vez que me vea tentada a creer que Dios en realidad no me ha perdonado.

4
Dios habla palabras de paz

....

שָׁלוֹם
SHALOM

La palabra hebrea para paz es *shalom*, una palabra con muchas implicaciones ricas y cautivadoras, ya que incluye la idea no solo de la ausencia de lucha y conflicto, sino de integridad, bienestar, salud, prosperidad, seguridad, satisfacción y estabilidad. Cuando Dios habla palabras de paz, está hablando palabras de conexión, porque la verdadera paz viene al tener una relación correcta con él. Entonces la paz con Dios se extiende a las demás relaciones para que podamos vivir en armonía con otros y en paz con nosotros mismos.

La palabra griega para paz es *eirene*. El Nuevo Testamento revela a Jesús como la fuente de toda paz, ya que su sacrificio es el que nos hace completos, restaurando nuestra relación con Dios y los demás.

PERMITIENDO QUE LA PALABRA ME TRANSFORME

Nunca he sido fanática de las resoluciones de año nuevo. Para mí, son un trampolín al fracaso. Lo mismo que las dietas. Sin embargo, a medida que enero se acerca, he estado pensando en la paz. En verdad, no puedo dejar de pensar en ella, en cuánto la deseo, en la necesidad que tiene el mundo de la misma, en cómo sería la vida en la tierra si en realidad experimentáramos la paz que Dios promete.

Pienso también en los pasos prácticos que puedo dar para hacer de mi hogar un lugar más tranquilo, un lugar donde mis hijas no estén riñendo constantemente y su madre nunca les grite en un intento equivocado de hacer que se detengan. Muchos padres que tienen hijos adultos me aseguran que sus retoños ahora son los mejores amigos a pesar de los prolongados períodos de rivalidad entre los hermanos cuando eran más jóvenes. Sin embargo, no quiero esperar a que transcurra otra década para que la calma reine en nuestra casa.

¿Qué puedo hacer para terminar la discusión, la competencia y la discordia? ¿Acaso no nos dicen las Escrituras que debemos «buscar la paz y seguirla»? ¿Qué quiere decir eso a nivel local, en mi ciudad, mi cuadra y mi casa?

Una noche, luego de un día lleno de peleas interminables, me dejé caer en el sofá. Todos mis intentos por lograr la paz y la reconciliación habían fracasado. Había orado, animado, sermoneado, castigado y hasta sobornado a mis hijas para tratar de enseñarles a llevarse bien.

Sin embargo, aun así parecían caimanes en miniatura que luchaban constantemente para ver quién ganaba. Me sentía lo suficiente desesperada como para suplicarle a la Superniñera que viniera al rescate. ¡Qué importaba si nuestros problemas salían por la televisión nacional! Un poquito de humillación sería un precio pequeño a pagar con tal de lograr algo de paz en nuestro rincón del planeta.

Entonces pensé en Jesús y la tierra en la que vivió, Israel. No era un lugar tranquilo tampoco. Y todavía hoy Israel no es un sinónimo de paz. En cambio, es una tierra en la que las personas viven separadas por muros en un esfuerzo desesperado por mantener la paz. Los israelitas le llaman a esa muralla «valla de seguridad», pero los palestinos le dicen «muro del Apartheid» o «muro de Berlín». En realidad, cuando por fin se termine, se espera que este muro controversial tenga una longitud de seiscientos cuarenta y ocho kilómetros. ¡Cuatro veces más largo que el muro de Berlín!

«¡Bueno, si ellos pueden hacerlo, yo también!», pensé yo. ¿Por qué no construir un muro dentro de la casa? Las niñas pueden visitarse en Navidad, la Pascua y sus cumpleaños. Hasta les permitiría hacerlo el 4 de julio si se portan bien. Cuando les conté mi brillante plan a mis amigas, una se rió y luego nos divirtió a todas con la historia de dos compañeras de cuarto en una universidad cristiana que se las arreglaron para compartir un pequeño dormitorio durante cuatro años a pesar de sus temperamentos muy contrarios. Lo hicieron al construir una pared justo en el medio del dormitorio para definir sus respectivas zonas de influencia.

Por supuesto, como dijera Robert Frost en un famoso poema hace casi un siglo, los muros tienen sus inconvenientes. «Hay algo que no es amigo de los muros»[3], destacó él. Por supuesto, el «algo» del que habla Frost es nuestra necesidad de tocar y ser tocados, de conocer y ser conocidos. Fuimos hechos para vivir en comunidad. El problema es que parece que no podemos tocarnos sin herirnos unos a otros, parece que no podemos conocernos sin juzgarnos entre sí. De modo que levantamos muros, lo que simplemente nos aísla y divide, creando soledad y sospecha en vez de paz.

¡Hasta ahí llegó mi gran solución! Al leer las palabras de Dios, medité en que la paz no es tanto un plan como una persona. Sé que la paz verdadera, ya sea en el Medio Oriente o en el centro de los Estados Unidos, donde yo vivo, no se puede alcanzar sin tener a Cristo viviendo en nuestro interior. Pensé en mí misma. ¿Cómo me comporté cuando mis hijas tenían problemas?

Vino a mi mente un pasaje que siempre ha sido uno de mis favoritos, el que habla de tener «un espíritu suave y apacible».

Al pensar en ello y orar al respecto, empecé a preguntarme si no había malentendido esa enseñanza durante todos estos años. ¿Y si este espíritu suave y apacible no describe a una persona tímida y pasiva, sino a alguien que tiene una especie de calma interior, alguien cuya paz es tan fuerte que se propaga a aquellos que le rodean? Deseaba ser ese tipo de persona. Sin embargo, el quid del asunto estaba en que precisaba dejar que Dios me cambiara, calmara mi ansiedad y me diera sabiduría. En lugar de dejar que las tensiones me controlaran, necesitaba responderle con mayor confianza y una obediencia más profunda.

Así es como un escritor describe el ideal bíblico de la mansedumbre: «Mansedumbre significa acercarse a otros (incluyendo a los enemigos de uno) con un espíritu humilde y compasivo, sin usar la fuerza para salirse con la suya [...] está incluido como uno de los nueve aspectos del fruto del Espíritu en nuestras vidas y es parte de cómo la sabiduría de lo alto comienza a funcionar en nuestras vidas»[4]. Me gustó en especial esa última parte sobre «la sabiduría de lo alto funcionando» en mi vida. Me di cuenta de que a menudo se habla de la mansedumbre unida a la paz. La paz que yo anhelaba solo se podía lograr mediante la obra del Espíritu de Dios en mi vida.

Recordé el pasaje del Evangelio de Lucas que muestra a Jesús poco antes de su muerte llorando por Jerusalén, ya que podía anticipar su violenta caída. Él dijo: «¡Cómo quisiera que hoy supieras lo que te puede traer paz! Pero eso ahora está oculto a tus ojos».

Hoy pido en oración que lo que va a traer paz a mi hogar, mi ciudad y las regiones problemáticas de nuestro mundo no esté oculto a mis ojos ni a los suyos. Ven, Señor Jesús, revélate a ti mismo como la Paz que anhelamos. Ven y muéstranos la senda de la paz.

EN LA MAÑANA

Alzaré mi rostro sobre ti

«El Señor te bendiga
y te guarde;
el Señor te mire con agrado
y te extienda su amor;
el Señor te muestre su favor
y te conceda la paz.»

Dichoso el que halla sabiduría,
el que adquiere inteligencia.
Porque ella es de más provecho que la plata
y rinde más ganancias que el oro.
Es más valiosa que las piedras preciosas:
¡ni lo más deseable se le puede comparar!
Con la mano derecha ofrece larga vida;
con la izquierda, honor y riquezas.
Sus caminos son placenteros
y en sus senderos hay paz.

*Señor, la sabiduría es mejor que la plata y más deseable que
el oro. Que tu rostro resplandezca sobre mí y dame la gracia
para vivir sabiamente en este mundo.*

Números 6:24-26; Proverbios 3:13-17

EN LA NOCHE

Te guardaré en perfecta paz

Tú guardarás en completa paz a aquel cuyo
pensamiento en ti persevera; porque en ti ha
confiado.

Aunque cambien de lugar las montañas
y se tambaleen las colinas,
no cambiará mi fiel amor por ti
ni vacilará mi pacto de paz,
—dice el SEÑOR, que de ti se compadece […]
El SEÑOR mismo instruirá a todos tus hijos,
y grande será su bienestar.

*Padre celestial, cuando todo a mi alrededor se estremezca,
sujétame fuerte. Hazme recordar tu amor eterno y tu pacto de
paz. Que mis hijos asimismo aprendan de ti para que ellos,
también, puedan conocer tu paz.*

Isaías 26:3 RVR 1960; Isaías 54:10, 13

Lunes

EN LA MAÑANA

Extenderé la paz como un torrente

Ustedes saldrán con alegría
y serán guiados en paz.
A su paso, las montañas y las colinas
prorrumpirán en gritos de júbilo
y aplaudirán todos los árboles del bosque.
En vez de zarzas, crecerán cipreses;
mirtos, en lugar de ortigas.
Esto le dará renombre al SEÑOR;
será una señal que durará para siempre.

Porque así dice el SEÑOR:
«Hacia ella extenderé la paz como un torrente,
y la riqueza de las naciones como río desbordado».

Dios misericordioso y amoroso, el que me sacó de las tinieblas a la luz, gracias por la paz que prometes. ¡Que sea como un río desbordado y yo proclamaré siempre tu bondad!

Isaías 55:12-13; Isaías 66:12

EN LA NOCHE

Daré paz a los que en confían en mí

Que el Dios de la esperanza los llene de toda alegría y paz a ustedes que creen en él, para que rebosen de esperanza por el poder del Espíritu Santo.

En cambio, el fruto del Espíritu es amor, alegría, paz, paciencia, amabilidad, bondad, fidelidad, humildad y dominio propio. No hay ley que condene estas cosas.

En cambio, la sabiduría que desciende del cielo es ante todo pura, y además pacífica, bondadosa, dócil, llena de compasión y de buenos frutos, imparcial y sincera. En fin, el fruto de la justicia se siembra en paz para los que hacen la paz.

☙❧

Señor, la paz viene de ti. Ayúdame a dejar de buscarla en otras partes. Dame la gracia para hacer lugar en mi alma a fin de recibir tu Espíritu. Lléname de una sabiduría que sea pura y amante de la paz, misericordiosa y considerada. Hazme una pacificadora como tú.

Romanos 15:13; Gálatas 5:22-23; Santiago 3:17-18

Martes

EN LA MAÑANA

Mi paz guardará tu corazón

Alégrense siempre en el Señor. Insisto: ¡Alégrense! Que su amabilidad sea evidente a todos. El Señor está cerca. No se inquieten por nada; más bien, en toda ocasión, con oración y ruego, presenten sus peticiones a Dios y denle gracias. Y la paz de Dios, que sobrepasa todo entendimiento, cuidará sus corazones y sus pensamientos en Cristo Jesús.

Cuando el SEÑOR aprueba la conducta de un
hombre,
hasta con sus enemigos lo reconcilia.

Señor, concédeme un espíritu alegre. Que sea una persona gentil y no brusca, calmada y no ansiosa. Te pido que apruebes mi conducta y me traigas paz.

Filipenses 4:4-7; Proverbios 16:7

EN LA NOCHE

Yo soy el Señor de paz

Que el Señor de paz les conceda su paz siempre y en todas las circunstancias. El Señor sea con todos ustedes.

Si se conducen según mis estatutos, y obedecen fielmente mis mandamientos, yo les enviaré lluvia a su tiempo, y la tierra y los árboles del campo darán sus frutos; la trilla durará hasta la vendimia, y la vendimia durará hasta la siembra. Comerán hasta saciarse y vivirán seguros en su tierra.

Yo traeré paz al país, y ustedes podrán dormir sin ningún temor.

❦

Señor, que tu paz caracterice mi vida en todos los sentidos. Independientemente de quién me amenace, sin importar lo que suceda, si estás cerca de mí, conoceré tu paz.

2 Tesalonicenses 3:16; Levítico 26:3-6

EN LA MAÑANA

Te entrenaré

Que abunden en ustedes la gracia y la paz.

Lo que soportan es para su disciplina, pues Dios los está tratando como a hijos. ¿Qué hijo hay a quien el padre no disciplina? Si a ustedes se les deja sin la disciplina que todos reciben, entonces son bastardos y no hijos legítimos. Después de todo, aunque nuestros padres humanos nos disciplinaban, los respetábamos. ¿No hemos de someternos, con mayor razón, al Padre de los espíritus, para que vivamos? En efecto, nuestros padres nos disciplinaban por un breve tiempo, como mejor les parecía; pero Dios lo hace para nuestro bien, a fin de que participemos de su santidad. Ciertamente, ninguna disciplina, en el momento de recibirla, parece agradable, sino más bien penosa; sin embargo, después produce una cosecha de justicia y paz para quienes han sido entrenados por ella.

Señor, «disciplina» no es mi palabra favorita. No suena muy dulce. Sin embargo, cuando tú me disciplinas, es siempre por mi bien. Gracias por tratarme no como a un extraño, sino como a una hija de tu familia. Confío en la manera en que obras en mi vida.

1 Pedro 1:2b; Hebreos 12:7-11

EN LA NOCHE

Haré que la paz te gobierne

Mi pueblo habitará en un lugar de paz,
en moradas seguras,
en serenos lugares de reposo.

Haré que la paz te gobierne,
y que la justicia te rija.
Ya no se sabrá de violencia en tu tierra,
ni de ruina y destrucción en tus fronteras,
sino que llamarás a tus muros «Salvación»,
y a tus puertas, «Alabanza».

Tú has hecho que mi corazón rebose de alegría,
alegría mayor que la que tienen los que disfrutan
de trigo y vino en abundancia.
En paz me acuesto y me duermo,
porque sólo tú, SEÑOR, me haces vivir confiado.

✿❀✿

Señor, tú quieres gobernar mi vida con paz. Ayúdame a confiarte el futuro, ya sea que mi futuro esté en la tierra o en el cielo. Tú me das la gracia para acostarme y dormir en paz, con la seguridad de que dondequiera que esté, viviré confiada.

Isaías 32:18; Isaías 60:17-18; Salmo 4:7-8

EN LA MAÑANA

Hice la paz por ti

En consecuencia, ya que hemos sido justificados mediante la fe, tenemos paz con Dios por medio de nuestro Señor Jesucristo.

Él fue traspasado por nuestras rebeliones,
y molido por nuestras iniquidades;
sobre él recayó el castigo, precio de nuestra paz,
y gracias a sus heridas fuimos sanados.

El producto de la justicia será la paz;
tranquilidad y seguridad perpetuas serán su fruto.

Jesús, te doy gracias por la paz que vino a mi alma desde el momento en que te entregué mi vida. Tú fuiste molido para que yo no lo fuera. Te alabo, Señor.

Romanos 5:1; Isaías 53:5; Isaías 32:17

EN LA NOCHE

Soy el príncipe de paz

El SEÑOR es la paz.

Porque nos ha nacido un niño,
se nos ha concedido un hijo;
la soberanía reposará sobre sus hombros,
y se le darán estos nombres:
Consejero admirable, Dios fuerte,
Padre eterno, Príncipe de paz.

❦

Dios, tú eres sanidad, integridad, prosperidad, satisfacción, perfección, protección, armonía y bienestar. Eres todo lo que yo necesito. Señor, tú eres la paz.

Jueces 6:24; Isaías 9:6

EN LA MAÑANA

Te guiaré por sendas de paz

¡Qué hermosos son, sobre los montes,
los pies del que trae buenas nuevas;
del que proclama la paz,
del que anuncia buenas noticias,
del que proclama la salvación,
del que dice a Sión: «Tu Dios reina»!

Y haré con ellos un pacto de paz. Será un pacto eterno. Haré que se multipliquen, y para siempre colocaré mi santuario en medio de ellos. Habitaré entre ellos, y yo seré su Dios y ellos serán mi pueblo.

Señor, gracias por ser las «buenas nuevas» que podemos celebrar, por hacer un camino cuando no había ninguno desde nuestra oscuridad hasta la paz de tu presencia. Tú eres un Dios de un amor eterno y estamos agradecidos de ser tu pueblo.

Isaías 52:7; Ezequiel 37:26-27

EN LA NOCHE

Yo mismo soy la paz

En esa misma región había unos pastores que pasaban la noche en el campo, turnándose para cuidar sus rebaños. Sucedió que un ángel del Señor se les apareció. La gloria del Señor los envolvió en su luz, y se llenaron de temor. Pero el ángel les dijo: «No tengan miedo. Miren que les traigo buenas noticias que serán motivo de mucha alegría para todo el pueblo. Hoy les ha nacido en la ciudad de David un Salvador, que es Cristo el Señor. Esto les servirá de señal: Encontrarán a un niño envuelto en pañales y acostado en un pesebre.» De repente apareció una multitud de ángeles del cielo, que alababan a Dios y decían: «Gloria a Dios en las alturas, y en la tierra paz a los que gozan de su buena voluntad.»

ৡ৵৶

Señor, tú eres la paz que anhelan todos los hombres y mujeres. Abre nuestros ojos a tu presencia. Ayúdanos a percibir tu gloria.

Lucas 2:8-14

EN LA MAÑANA

Mi paz te doy

Todavía estaban ellos hablando acerca de esto, cuando Jesús mismo se puso en medio de ellos y les dijo:

—Paz a ustedes.

Aterrorizados, creyeron que veían a un espíritu.

—¿Por qué se asustan tanto? —les preguntó—. ¿Por qué les vienen dudas? Miren mis manos y mis pies. ¡Soy yo mismo! Tóquenme y vean; un espíritu no tiene carne ni huesos, como ven que los tengo yo.

La paz les dejo; mi paz les doy. Yo no se la doy a ustedes como la da el mundo. No se angustien ni se acobarden.

Señor, calma mi ansioso y atribulado corazón. Cuando sienta miedo, recuérdame desviar mi atención de las cosas que me atemorizan para poder mirarte a ti.

Lucas 24:36-39; Juan 14:27

EN LA NOCHE

Que mi paz gobierne sus corazones

La mentalidad que proviene del Espíritu es vida y paz.

Por último, hermanos, consideren bien todo lo verdadero, todo lo respetable, todo lo justo, todo lo puro, todo lo amable, todo lo digno de admiración, en fin, todo lo que sea excelente o merezca elogio. Pongan en práctica lo que de mí han aprendido, recibido y oído, y lo que han visto en mí, y el Dios de paz estará con ustedes.

Que gobierne en sus corazones la paz de Cristo, a la cual fueron llamados en un solo cuerpo.

৩১৩

Señor, perdóname por permitir que los deseos del mundo me dominen. Transforma mi mente y mi corazón mediante tu Espíritu todopoderoso. Enséñame a tener pensamientos como los tuyos y permite que tu paz gobierne en mí independientemente de lo que suceda a mi alrededor.

Romanos 8:6; Filipenses 4:8-9; Colosenses 3:15

RECORDARÉ ESTO

Aunque cambien de lugar las montañas
y se tambaleen las colinas,
no cambiará mi fiel amor por ti
ni vacilará mi pacto de paz,
—dice el SEÑOR, que de ti se compadece—.

....

En cambio, el fruto del Espíritu es amor, alegría,
paz, paciencia, amabilidad, bondad, fidelidad,
humildad y dominio propio. No hay ley que
condene estas cosas.

....

En paz me acuesto y me duermo,
porque sólo tú, SEÑOR, me haces vivir confiado.

....

El SEÑOR es la paz.

....

Algo sé sobre la paz: es disfrutando de ella que el mundo
debería vivir, así fue como Dios diseñó que todo debía funcionar. La paz estaba supuesta a ser el estado normal de las
cosas, así como la salud debía ser el estado normal de nuestros
cuerpos.

Piensa por un momento en esta comparación simple, tal
vez un tanto torpe. Imagina un mundo en el que todos los

Isaías 54:10; Gálatas 5:22-23; Salmo 4:8; Jueces 6:24

autos que se hayan fabricado se rompen constantemente. Hay muchos modelos diferentes. Algunos son lustrosos y bellos. Otros son sencillos y baratos. No obstante, todos tienen algo en común. Ninguno puede viajar más de ciento sesenta mil kilómetros sin romperse. ¿No estaría justificado que la gente en el mundo llegara a la conclusión de que es sencillamente normal que los autos se rompan a cada momento? Con todo, por justificada que parezca su conclusión, estarían equivocados por completo.

Algo semejante sucede en nuestro mundo cuando llegamos a la conclusión de que las contiendas son algo normal. El divorcio, la violencia doméstica, las divisiones en la iglesia, las escaramuzas en las fronteras, el terrorismo, la guerra. Es fácil alzar los brazos y pensar que no podemos hacer nada. Sin embargo, si eso es así, ¿por qué entonces la Biblia nos exhorta a «buscar la paz y seguirla»? ¿Por qué se nos dice que oremos por la paz? ¿Y por qué Jesús dice que los pacificadores son bendecidos? ¿No tenemos que hacer algo más en este mundo que darnos por vencidos? ¿No tenemos que imitar el ejemplo de Cristo, quien con su sacrificio nos acercó de nuevo a Dios, que es la fuente de toda paz?

Hoy le pido a Dios en oración que me convierta en una pacificadora, una persona que desee lo que Cristo desea y que no tenga miedo de hacer cualquier sacrificio necesario.

Que Dios perdone mi apatía y mi temor y me ayude a reflejar su corazón en este mundo.

5
Dios habla palabras de fortaleza

גְּבוּרָה עֹז
GEBURAH, OZ

Las Escrituras hebreas dejan claro que Dios es la fuente de toda fortaleza. Su poder es tan grande que no hay otro poder ni en el cielo ni en la tierra que pueda competir con él. Además, su amor lo impulsa a usar este poder a favor de su pueblo, a salvar a aquellos que esperan en él.

La palabra hebrea *geburah* se traduce normalmente como «poder», «fortaleza» o «fuerza». *Oz* es otra palabra hebra que a menudo se traduce como «fortaleza», «fuerte», «poder», «fuerza» o «poderío». A cualquiera que de niño haya visto las retransmisiones de *El mago de Oz* en la televisión pudiera interesarle saber que muchas veces el término *oz* se utiliza para describir la fortaleza de Dios.

La palabra griega *kratos* se traduce en el Nuevo Testamento como «poder, fuerza, fortaleza». A la postre, a Jesús se le presenta como el más fuerte de todos los hombres, aquel que con su muerte y resurrección ha vencido a Satanás y nos libera de las consecuencias devastadoras del pecado.

Recuerda que la Palabra de Dios es poderosa, viva y activa, capaz de lograr mucho más de lo que nosotros podemos siquiera pedir o imaginar. Permite que en esta semana la misma transforme tu compresión de cómo Dios quiere revelar su fortaleza en ti y para ti.

PERMITIENDO QUE LA PALABRA ME TRANSFORME

Estábamos acostadas en la cama.

—Soy más fuerte que cualquiera de los varones de nuestra escuela —anuncié modestamente.

—Así es —asintió mi hermana.

—Apuesto a que podría competir con cualquier chico de la secundaria y le ganaría —dije.

—Sí puedes —contestó mi hermana.

—¡Probablemente soy más fuerte que un chico de la universidad! —afirmé en un crescendo de confianza en mí misma.

Lo asombroso es que mi hermana, que tenía ocho años, indicó que sí, que probablemente podría.

Mis ilusiones de grandeza se habían incitado ese día en el patio de la escuela, donde desafié a un chico de sexto grado a una competencia para ver quién podía aguantar más en las barras. Su cuerpo de doce años, aunque fuerte, no podía competir contra una chica flacucha de primer grado que además era una megalómana. ¡Vi cómo se iba del patio derrotado, con los hombros caídos, humillado por una niña de seis años!

Ese recuerdo resume por completo mi primera idea de la fortaleza. Pensaba que era una cuestión de competencia entre cuerpos. No pasó mucho tiempo antes de que aprendiera la verdad, que la vida puede tirarte al suelo no una, sino varias veces. Mi petulancia inicial se desvaneció pronto y fue reemplazada por un sentimiento de que el mundo no era tan seguro ni agradable como pensaba. Y, como nos pasa a todos más tarde o más temprano, empecé a darme cuenta de que la fortaleza que en realidad importaba era más bien la interna y no la externa.

Así que traté de ser fuerte por dentro. No obstante, eso solo implicaba guardarme las cosas, rodear mis sentimientos con una muralla y dar la apariencia de ser fuerte independientemente de cómo me sintiera. Esconderse funciona hasta cierto punto. Uno puede engañar a las personas. A veces hasta puede engañarse a sí mismo, pero los sentimientos tienen la facilidad de imponerse, de crear grietas hasta en las murallas mejor construidas. No importaba cuánto buscara la fuerza dentro de mí misma, nunca podía encontrar el nivel de fortaleza que necesitaba. Eso vino después, con mi conversión, al reconocer mi debilidad y mi necesidad delante de Dios. Vino cuando Cristo derramó su amor misericordioso, al reparar y enderezar lo que estaba roto y torcido dentro de mí por el pecado, tanto mi pecado como los pecados de otros. Y ese proceso continúa.

Así que llegué a estas palabras sobre la fortaleza de Dios con el deseo de experimentar más de su ayuda a diario. Y al leer tales palabras comencé a preguntarme para qué sirve la fortaleza. ¿Qué esperaba Dios que yo hiciera con la fortaleza que él nos promete dar? ¿Me fortalece Dios para que pueda sentirme mejor conmigo misma o lucir mejor delante de los demás? No me parecía. Sin dudas, ese tipo de interpretación significaba regresar al punto de vista egocéntrico de mi niñez.

Pensé en Jesús. Su fortaleza se expresó obviamente en los milagros que realizó. Sin embargo, también se expresó de una manera sorprendente, de un modo que lo hacía parecer débil. ¿Quién si no un hombre débil que fue vencido por otros permitiría que lo azotaran y ejecutaran violentamente? Seguro que les pareció débil a sus amigos, los cuales huyeron en el momento en que lo arrestaron. No fue sino hasta mucho después que ellos comprendieron cuán fuerte era Jesús, que su fortaleza no se medía con la fortaleza de la gente malvada sino con el poder de la maldad en sí.

De modo que para eso es la fortaleza. Para permitirnos resistir el poder distorsionador y deformador del pecado, para hacer que seamos más como Jesús de manera que poco a poco, vida tras vida, el evangelio sea predicado y el mundo transformado.

De muchas maneras, la fuerza que Cristo demostró y que Dios promete se contradice con la idea de la fortaleza que tiene el mundo. Esta fuerza implica el poder para controlar nuestros apetitos en lugar de permitir que ellos nos controlen. Es la habilidad para resistir en lugar de rendirse. Es el rápido instinto de refugiarnos en Dios en vez de confiar en nuestras capacidades y recursos. Es la humildad para pedirle a Dios lo que necesitamos en vez de lanzarnos a una actividad frenética tratando de construir una red de seguridad perfecta. Es la destreza para mantener nuestra mirada fija en Dios, incluso cuando los problemas y el temor nos asaltan. Es la paciencia para esperar en vez de correr hacia delante. Es la fe para mantenernos orando sin importar lo que suceda. Es la decisión de poner a los demás primero. Es la gracia para creer que nada es imposible porque le pertenecemos a Dios. Es el valor para ser más de lo que somos porque Dios es más de lo que imaginamos. Es el vigor para correr y no cansarse, caminar sin desmayar, afianzarnos en la fuerza de Dios y su poder para ayudarnos y salvarnos.

Cada semana asisto a un grupo pequeño integrado por varias amigas cuyo objetivo es animarse unas a otras a ser más como Jesús. Me encanta este grupo. Cada miembro es como una hermana para mí. Sin embargo, tengo que confesar que me siento falsa cuando leo una de las promesas que hacemos para la semana que se avecina: *Por la gracia de Dios, lucharé con fuerza contra el pecado y haré obras de amor y misericordia*[5]. Las palabras parecen muy nobles y caballerescas, muy románticas y grandiosas… y muy diferentes a la persona que soy. Así que trato con mi incomodidad haciendo énfasis en la parte acerca de la gracia de Dios. Sé que sin ella fracasaré. No obstante, ahora me parece que voy a tener que aceptar también la parte de *luchar con fuerza*, porque de lo contrario, ¿para qué es la gracia de Dios?

De modo que, al rumiar las palabras de Dios, oro por la gracia para saber cuán fuerte y generoso es. En lugar de acaparar su fortaleza, él la comparte gustoso, como dicen las Escrituras: *El Señor recorre con su mirada toda la tierra, y está listo para ayudar a quienes le son fieles.* Hoy pido en oración que su mirada descanse en mí.

EN LA MAÑANA

Seré tu fortaleza

SEÑOR, ten compasión de nosotros;
pues en ti esperamos.
Sé nuestra fortaleza cada mañana,
nuestra salvación en tiempo de angustia.

De angustia se me derrite el alma:
susténtame conforme a tu palabra.

En ti, SEÑOR, busco refugio;
jamás permitas que me avergüencen;
en tu justicia, líbrame.
Inclina a mí tu oído,
y acude pronto a socorrerme.
Sé tú mi roca protectora,
la fortaleza de mi salvación.

Señor, necesito tu fortaleza cada día. Ayúdame a conocerte como refugio y fortaleza, una roca en la que puedo pararme sin que importe cuán difícil se vuelva la vida.

Isaías 33:2; Salmo 119:28; Salmo 31:1-2

EN LA NOCHE

Te sustentaré

A ti, fortaleza mía, vuelvo los ojos,
pues tú, oh Dios, eres mi protector.

¿A quién tengo en el cielo sino a ti?
Si estoy contigo, ya nada quiero en la tierra.
Podrán desfallecer mi cuerpo y mi espíritu,
pero Dios fortalece mi corazón;
él es mi herencia eterna.

Extendiendo su mano desde lo alto,
tomó la mía y me sacó del mar profundo.
Me libró de mi enemigo poderoso,
de aquellos que me odiaban
y que eran más fuertes que yo.
En el día de mi desgracia
me salieron al encuentro,
pero mi apoyo fue el Señor.
Me sacó a un amplio espacio;
me libró porque se agradó de mí.

Una cosa ha dicho Dios,
y dos veces lo he escuchado:
Que tú, oh Dios, eres poderoso;
que tú, Señor, eres todo amor.

Señor, te alabo no solo por tu fortaleza, sino por tu amor. Por favor, mezcla fortaleza y amor en mí para que pueda mostrarles a otros quién eres tú.

Salmo 59:9; Salmo 73:25-26; 2 Samuel 22:17-20; Salmo 62:11-12

Lunes

EN LA MAÑANA

Quiero darte valor y confianza

¡Cobren ánimo y ármense de valor! No se asusten ni se acobarden ante el rey de Asiria y su numeroso ejército, porque nosotros contamos con alguien que es más poderoso. Él se apoya en la fuerza humana, mientras que nosotros contamos con el Señor nuestro Dios, quien nos brinda su ayuda y pelea nuestras batallas.

El Señor es mi luz y mi salvación;
¿a quién temeré?
El Señor es el baluarte de mi vida;
¿quién podrá amedrentarme?
Cuando los malvados avanzan contra mí
para devorar mis carnes,
cuando mis enemigos y adversarios me atacan,
son ellos los que tropiezan y caen.
Aun cuando un ejército me asedie,
no temerá mi corazón;
aun cuando una guerra estalle contra mí,
yo mantendré la confianza.

Señor, tranquiliza mi corazón para que cuando la vida sea difícil, no ceda a la tentación de pensar que me has abandonado. Permite que recuerde que la fortaleza viene de vivir en tu presencia y descansar en tu fidelidad.

2 Crónicas 32:7-8; Salmo 27:1-3

EN LA NOCHE

Te mantendré fuerte hasta el fin

Fortalezcan las manos débiles,
afirmen las rodillas temblorosas;
digan a los de corazón temeroso:
«Sean fuertes, no tengan miedo.
Su Dios vendrá,
vendrá con venganza;
con retribución divina
vendrá a salvarlos.»

Tus cerrojos serán de hierro y bronce;
¡que dure tu fuerza tanto como tus días!

Él los mantendrá firmes hasta el fin, para que sean irreprochables en el día de nuestro Señor Jesucristo. Fiel es Dios, quien los ha llamado a tener comunión con su Hijo Jesucristo, nuestro Señor.

Señor, tú sabes cuán rápido puedo pasar de sentirme protegida en tu presencia a estar segura de tu ausencia. Estoy muy cansada de que las circunstancias me zarandeen. Ayúdame a dejar de fluctuar entre los sentimientos de fe y ansiedad. Dame la paz que viene de creer que tú estás dispuesto y eres capaz de mantenerme fuerte hasta el final.

Isaías 35:3-4; Deuteronomio 33:25; 1 Corintios 1:8-9

Martes

EN LA MAÑANA

No te abandonaré nunca

Sean fuertes y valientes. No teman ni se asusten
ante esas naciones, pues el Señor su Dios
siempre los acompañará; nunca los dejará ni los
abandonará.

¡Marcha, alma mía, con vigor!

Pero de una cosa estoy seguro:
he de ver la bondad del Señor
en esta tierra de los vivientes.
Pon tu esperanza en el Señor;
ten valor, cobra ánimo;
¡pon tu esperanza en el Señor!

¡Ánimo, pueblo de esta tierra! —afirma el Señor—. ¡Manos
a la obra, que yo estoy con ustedes! —afirma el Señor Todopoderoso—. Y mi Espíritu permanece en medio de ustedes, conforme al pacto que hice con ustedes cuando salieron de Egipto.

✦

*Señor, tú prometes que nunca me abandonarás. Yo te prometo
lo mismo. Cuando las cosas salgan mal, y sé que esto pasará,
ayúdame a no sentirme indefensa ni desesperada, sino confiada en que tú eres quien dices que eres.*

Deuteronomio 31:6; Jueces 5:21b; Salmo 27:13-14; Hageo 2:4-5

EN LA NOCHE

Te sostendré

El SEÑOR recorre con su mirada toda la tierra, y está listo para ayudar a quienes le son fieles.

Mi mano siempre lo sostendrá;
mi brazo lo fortalecerá.

Así que no temas, porque yo estoy contigo;
no te angusties, porque yo soy tu Dios.
Te fortaleceré y te ayudaré;
te sostendré con mi diestra victoriosa.
Todos los que se enardecen contra ti
sin duda serán avergonzados y humillados;
los que se te oponen serán como nada,
como si no existieran.
Aunque busques a tus enemigos,
no los encontrarás.
Los que te hacen la guerra serán como nada,
como si no existieran.

Padre, yo sé que tu cuidas de los que te pertenecen. Defiéndeme, Señor, cuando los enemigos avancen. No dejes que ceda ante el temor, sino fortalece mi corazón y yo te alabaré.

2 Crónicas 16:9; Salmo 89:21; Isaías 41:10-12

EN LA MAÑANA

Te guiaré siempre

Si te dedicas a ayudar a los hambrientos
y a saciar la necesidad del desvalido,
entonces brillará tu luz en las tinieblas,
y como el mediodía será tu noche.
El Señor te guiará siempre;
te saciará en tierras resecas,
y fortalecerá tus huesos.
Serás como jardín bien regado,
como manantial cuyas aguas no se agotan.

Porque así dice el Señor omnipotente, el Santo de Israel:
«En el arrepentimiento y la calma está su
salvación,
en la serenidad y la confianza está su fuerza».

Señor, ayúdame a preocuparme no por mí misma, sino por los demás, en especial por los necesitados de este mundo. Dame ojos que entiendan cómo ellos ven las cosas y sabiduría para saber de qué modo ayudar.

Isaías 58:10-11; Isaías 30:15

EN LA NOCHE

Te llenaré con mi fuerza

«La fortaleza de los habitantes de Jerusalén es su Dios, el Señor Todopoderoso.»

Torre inexpugnable es el nombre del Señor;
a ella corren los justos y se ponen a salvo.

Pues la locura de Dios es más sabia que la sabiduría humana, y la debilidad de Dios es más fuerte que la fuerza humana.

—No tengo plata ni oro —declaró Pedro—, pero lo que tengo te doy. En el nombre de Jesucristo de Nazaret, ¡levántate y anda!

Y tomándolo por la mano derecha, lo levantó. Al instante los pies y los tobillos del hombre cobraron fuerza. De un salto se puso en pie y comenzó a caminar. Luego entró con ellos en el templo con sus propios pies, saltando y alabando a Dios [...] toda la gente, que no salía de su asombro, corrió hacia ellos al lugar conocido como Pórtico de Salomón. Al ver esto, Pedro les dijo: «Pueblo de Israel, ¿por qué les sorprende lo que ha pasado? [...] Por la fe en el nombre de Jesús, él ha restablecido a este hombre a quien ustedes ven y conocen. Esta fe que viene por medio de Jesús lo ha sanado por completo, como les consta a ustedes».

❧

Zacarías 12:5; Proverbios 18:10; 1 Corintios 1:25; Hechos 3:6-8, 11-12, 16

Señor, no tengo dinero suficiente para resolver todos los problemas que veo a mi alrededor. Pero sí tengo tu Espíritu que vive en mí. Ayúdame a no limitar las maneras en que quieres obrar a través de mí para que otros puedan comenzar a conocer quién eres tú.

EN LA MAÑANA

No hay nada que no puedas hacer cuando yo te fortalezco

Todo lo puedo en Cristo que me fortalece.

Entonces Moisés y los israelitas entonaron un cántico en honor del SEÑOR, que a la letra decía:
Cantaré al SEÑOR, que se ha coronado de triunfo arrojando al mar caballos y jinetes.
El SEÑOR es mi fuerza y mi cántico;
él es mi salvación.
Él es mi Dios, y lo alabaré;
es el Dios de mi padre, y lo enalteceré.

Escucha, Israel: El SEÑOR nuestro Dios es el único SEÑOR. Ama al SEÑOR tu Dios con todo tu corazón y con toda tu alma y con todas tus fuerzas.

Señor, deseo creer al igual que Pablo que puedo hacer todas las cosas siempre y cuando me apoye en tu fuerza. Perdóname por mi cobardía y mi renuencia a correr riesgos. Dame una visión mayor de lo que quieres hacer a través de mi vida.

Filipenses 4:13; Éxodo 15:1-2; Deuteronomio 6:4-5

EN LA NOCHE

Tu camino no está escondido de mí

¿Por qué murmuras, Jacob?
¿Por qué refunfuñas, Israel:
«Mi camino está escondido del Señor;
mi Dios ignora mi derecho»?
¿Acaso no lo sabes?
¿Acaso no te has enterado?
El Señor es el Dios eterno,
creador de los confines de la tierra.
No se cansa ni se fatiga,
y su inteligencia es insondable.
Él fortalece al cansado
y acrecienta las fuerzas del débil.
Aun los jóvenes se cansan, se fatigan,
y los muchachos tropiezan y caen;
pero los que confían en el Señor
renovarán sus fuerzas;
volarán como las águilas:
correrán y no se fatigarán,
caminarán y no se cansarán.

Señor, qué fácil es subestimar tu amor, pensar que estás cansado de escuchar mis problemas. Perdóname por actuar como si no los conocieras o no te importaran. Ayúdame a dejar de quejarme y empezar a creer que tú le das fortaleza al cansado y aumentas la fuerza de los débiles. Yo soy débil, Señor, renueva mi fuerza.

Isaías 40:27-31

Viernes

EN LA MAÑANA

Seré tu escudo

Pues Dios no nos ha dado un espíritu de timidez, sino de poder, de amor y de dominio propio.

El SEÑOR es mi fuerza y mi escudo;
mi corazón en él confía;
de él recibo ayuda.
Mi corazón salta de alegría,
y con cánticos le daré gracias.
El SEÑOR es la fortaleza de su pueblo,
y un baluarte de salvación para su ungido.

❧

Gracias, Dios, por darme la fortaleza que necesito cada día; la fuerza para amar, creer, resistir al diablo, estar firme, mostrar bondad y hacer lo correcto, incluso cuando tengo miedo o estoy molesta. Confío en que tú siempre serás mi fortaleza.

2 Timoteo 1:7; Salmo 28:7–8

EN LA NOCHE

Soy una roca en la que puedes apoyarte

El camino de Dios es perfecto;
la palabra del SEÑOR es intachable.
Escudo es Dios a los que en él se refugian.
¿Pues quién es Dios, si no el SEÑOR?
¿Quién es la roca, si no nuestro Dios?
Es él quien me arma de valor
y endereza mi camino;
da a mis pies la ligereza del venado,
y me mantiene firme en las alturas;
adiestra mis manos para la batalla,
y mis brazos para tensar arcos de bronce.
Tú me cubres con el escudo de tu salvación;
tu bondad me ha hecho prosperar.

❧

Señor, gracias por los amigos y la familia que me apoyan. Sin embargo, ninguno de ellos es una roca como tú. Eres el único en el que se puede confiar por completo, en el que no hay debilidad ni inestabilidad. Gracias por ser la Roca en la que puedo refugiarme y encontrar fortaleza.

2 Samuel 22:31-36

EN LA MAÑANA

Yo soy tu fortaleza, el Dios que te ama

Pero yo le cantaré a tu poder,
y por la mañana alabaré tu amor;
porque tú eres mi protector,
mi refugio en momentos de angustia.
A ti, fortaleza mía, te cantaré salmos,
pues tú, oh Dios, eres mi protector.
¡Tú eres el Dios que me ama!

El SEÑOR fortalece a su pueblo;
el SEÑOR bendice a su pueblo con la paz.

Dichoso el que tiene en ti su fortaleza,
que sólo piensa en recorrer tus sendas.
Cuando pasa por el valle de las Lágrimas
lo convierte en región de manantiales;
también las lluvias tempranas
cubren de bendiciones el valle.
Según avanzan los peregrinos, cobran más fuerzas,
y en Sión se presentan ante el Dios de dioses.

Salmo 59:16-17; Salmo 29:11; Salmo 84:5-7

Padre, permite que cada día cuando me levante te pida la fortaleza que necesito. Hazme fuerte ante la preocupación, las presiones financieras, el egoísmo y el temor. Fortaléceme para hacer tu voluntad de manera que no solo yo tenga paz, sino que la transmita a otros.

EN LA NOCHE

Quiero que busques mi rostro

Recurran al Señor y a su fuerza;
busquen siempre su rostro.

¡Dios es mi salvación!
Confiaré en él y no temeré.
El Señor es mi fuerza,
el Señor es mi canción;
¡él es mi salvación!
Con alegría sacarán ustedes agua
de las fuentes de la salvación.

El gozo del Señor es nuestra fortaleza.

Señor, a veces busco la fortaleza en los lugares equivocados, al poner mi esperanza en otros, tratar de controlar las circunstancias y las personas, y pensar que el dinero me mantendrá a salvo. No obstante, sin dudas tú eres mi fortaleza y mi canción. Ayúdame a buscar tu rostro siempre y a encontrar allí la fortaleza.

Salmo 105:4; Isaías 12:2-3; Nehemías 8:10

RECORDARÉ ESTO

¿A quién tengo en el cielo sino a ti?
Si estoy contigo, ya nada quiero en la tierra.
Podrán desfallecer mi cuerpo y mi espíritu,
pero Dios fortalece mi corazón;
él es mi herencia eterna.

....

Una cosa ha dicho Dios,
y dos veces lo he escuchado:
Que tú, oh Dios, eres poderoso;
que tú, Señor, eres todo amor

....

Porque así dice el Señor omnipotente, el Santo de Israel:
«En el arrepentimiento y la calma está su
salvación,
en la serenidad y la confianza está su fuerza».

....

Torre inexpugnable es el nombre del Señor;
a ella corren los justos y se ponen a salvo.

....

El Señor es mi fuerza y mi cántico;
él es mi salvación.
Él es mi Dios, y lo alabaré;
es el Dios de mi padre, y lo enalteceré.

....

Salmo 73:25-26; Salmo 62:11-12; Isaías 30:15; Proverbios 18:10; Éxodo 15:2

Recuerdo lo sorprendida que me quedé un día ante el comentario impensado de una amiga.

—A Dios no le gustan las piernas de los hombres —declaró.

—¿Qué? —exclamé, sin poder creer que Dios siquiera pensara en el tema.

—Escucha —continuó y citó el Salmo 147 (LBLA)—: "No se deleita en la fuerza del caballo, ni se complace en las piernas ágiles del hombre".

Mi amiga sonrió, disfrutando su chiste.

Por supuesto, el pasaje cobra sentido cuando uno lee la conclusión: «El Señor favorece a los que le temen, a los que esperan en su misericordia». Resulta evidente que la idea es que la fuerza humana no impresiona. Desde la perspectiva de Dios, la persona más fuerte que haya vivido es apenas un peso pluma.

Creo que las Escrituras son claras. Independientemente de cuán inteligente, decidida o talentosa pueda ser, no tengo la energía, la confianza, la esperanza, el ingenio, la sabiduría, la pureza, la paz, la perspectiva, la paciencia, el dinero o la salud para manejar todos los desafíos que voy a enfrentar. La única manera de obtener el tipo de fortaleza que necesito es confiando en el amor incondicional de Dios, sacando de este modo conclusiones para mi vida que se basen en la confianza y no en el temor.

Quiero adoptar la fe batalladora del apóstol Pablo. Confiando en que la gracia de Dios sería suficiente para cada desafío —hambre, sed, falta de sueño, bandidos, violencia, naufragios, calumnias, persecución y más— Pablo afirmó: «Por lo tanto, gustosamente haré más bien alarde de mis debilidades, para que permanezca sobre mí el poder de Cristo. Por eso me regocijo en debilidades, insultos, privaciones, persecuciones y dificultades que sufro por Cristo; porque cuando soy débil, entonces soy fuerte» (2 Corintios 12:9-10). Pablo pudo haber visto todos los obstáculos que enfrentó como una evidencia de que Dios no estaba con él ni lo amaba. Sin embargo, hizo lo contrario, creyendo que la presencia de Dios sería más real en medio de la dificultad.

Mi lista de problemas parece muy poca cosa en comparación con la de Pablo, pero estos son algunos de los desafíos que enfrento ahora mismo: temor por mis hijas, impaciencia con sus luchas constantes, preocupación por otros miembros de la familia, cansancio, un poco de depresión como resultado de vivir en un lugar donde el sol no brilla mucho, plazos apremiantes, dolor de espalda crónico y falta de tiempo, dinero y sabiduría. Mi lista es trivial a la luz de la de Pablo y las de muchos otros, pero aun así en ocasiones parece abrumadora y me tienta a verla como una evidencia de que a Dios no le importan mis problemas.

Hoy oro por la gracia para hacer alarde de mi debilidad mientras aprendo un tipo de confianza más profunda. Ruego que en los meses que se avecinan, Dios haga lo imposible, capacitándome para deleitarme en mis dificultades y regocijarme en el cambio que él me invita a hacer: mi debilidad por su fuerza.

6
Dios habla palabras de protección

צֵל שָׁמַר נָצַר

SEL, SAMAR, NASAR

Una de las palabras hebras utilizadas en el Antiguo Testamento para transmitir la idea de protección es *sel,* que puede traducirse como «sombra». Como dice el salmista en el Salmo 91: «El que habita al abrigo del Altísimo se acoge a la sombra del Todopoderoso». El término *sel* a menudo se utiliza para hacer referencia a un tipo de sombra protectora. La inferencia es que si habitamos cerca del Señor, creyendo en él y obedeciéndole, su presencia nos cubrirá, nos esconderá de manera que ningún mal nos destruirá.

La palabra hebrea *samar* puede traducirse como «cuidar», «guardar», al igual que en las palabras del Salmo 121: «Jamás duerme ni se adormece el que cuida de Israel». Otro verbo hebreo, *nasar,* se traduce a menudo como «guardar», «cuidar», «proteger» o «preservar», como en el Salmo 31: «Amen al Señor, todos sus fieles; él protege a los dignos de confianza, pero a los orgullosos les da su merecido». Jesús invocó este mismo salmo justo antes de morir en la cruz al encomendarse al cuidado protector de Dios cuando dijo: «¡Padre, en tus manos encomiendo mi espíritu!» (Lucas 23:46).

Cuando escuches las palabras de protección de Dios, ten en cuenta que él cuida a aquellos que le aman y guardan sus mandamientos.

PERMITIENDO QUE LA PALABRA ME TRANSFORME

Esta semana me levanté y afuera había una tormenta de nieve. Cancelaron las actividades escolares, así que celebré el regalo inesperado de una mañana sin prisa, tomándome otra taza de café mientras observaba las noticias matinales.

No tendría que apurarme para sacar a mis hijas de sus camas ni dar una carrera para llegar a la escuela. Después de las noticias, comencé a cambiar de canal para ver qué más estaban transmitiendo. Me detuve en un programa que no había visto antes, pues me retuvieron las palabras de un salmo conocido, uno que acababa de leer y en el que había estado pensando. Controlé el impulso de seguir cambiando de canales y en cambio escuché mientras un pastor contaba una historia asombrosa. Comenzó leyendo estos versículos de Salmo 91 en voz alta:

> El que habita al abrigo del Altísimo
> se acoge a la sombra del Todopoderoso.
> Yo le digo al SEÑOR: «Tú eres mi refugio,
> mi fortaleza, el Dios en quien confío.»
> Sólo él puede librarte de las trampas del cazador
> y de mortíferas plagas,
> pues te cubrirá con sus plumas
> y bajo sus alas hallarás refugio.
> ¡Su verdad será tu escudo y tu baluarte!
> No temerás el terror de la noche,
> ni la flecha que vuela de día,
> ni la peste que acecha en las sombras
> ni la plaga que destruye a mediodía.
> Podrán caer mil a tu izquierda,
> y diez mil a tu derecha,
> pero a ti no te afectará.

El pastor continuó diciendo que había sentido a Dios guiando su atención a ese salmo una mañana, aunque no tenía idea de por qué. Más adelante ese día, de camino a su restaurante favorito, tuvo la clara impresión de que Dios le decía que no almorzara. Así que en lugar de ir al restaurante, simplemente estacionó el auto y pasó un tiempo orando. Para concentrarse mejor, se recostó en su asiento y cerró los ojos.

Sin embargo, su concentración se interrumpió cuando escuchó que alguien tocaba en su ventanilla. Un extraño se asomaba por el cristal y le pedía ayuda. El pastor introdujo la mano en el bolsillo para sacar el dinero que tenía destinado a su almuerzo, bajó la ventana y se lo entregó al hombre, luego empezó a hablarle del amor de Cristo. Mientras los dos hombres conversaban, el extraño comenzó a mostrarse receptivo. Reconoció que estaba cansado de vivir como un pandillero y se encontraba listo para cambiar. Cuando los dos hombres se separaron, el pastor le entregó su tarjeta y lo invitó a su iglesia.

Esa noche, cuando el pastor se dispuso a ver las noticias, le sorprendió una foto que mostraron en la pantalla. El presentador les advirtió a los televidentes que el individuo era un prófugo que había matado a tres personas. Se le consideraba muy peligroso. Por supuesto, era el hombre que había tocado a la ventana del pastor horas antes. De inmediato, las palabras del salmista acudieron a su mente: *Te cubrirá con sus plumas y bajo sus alas hallarás refugio.*

Quedé impresionada no solo por la historia de la protección de Dios, sino por el fruto de la obediencia de ese pastor. ¿Quién sabe cuánto mal se evitó por la bondad del pastor? Debido a su obediencia estuvo en el lugar preciso, en el momento adecuado y con los recursos correctos para sembrar la semilla del evangelio en una vida peligrosa, una vida que tal vez llegue a cambiar un día debido al amor de Cristo.

Sin embargo, ¿qué decir de las personas a las que Dios no ha protegido? ¿Gente inocente? ¿Gente fiel? ¿Gente que parecía estar haciendo la obra del Señor? Hace un mes recibí un correo electrónico urgente de un amigo que colabora en la Asociación para una Sociedad más Justa (AJS, por sus siglas en inglés), una organización cristiana que se dedica a ayudar a los miembros más pobres y vulnerables de la sociedad hondureña. En su correo electrónico pedía oración por un abogado hondureño llamado Dionisio Díaz García, el cual había recibido una amenaza de muerte anónima. La especialidad de Dionisio era representar a los pobres cuyos derechos habían sido violados por sus empleadores. A muchos se les obligaba a trabajar horas extra sin pagarles, a otros se les sometía a reducciones salariales ilegales, e incluso a algunos se les impugnaban delitos que no cometieron. Una empresa en particular, a la que se le acusaba de varias violaciones de trabajo, había amenazado a Dionisio repetidas veces.

En cuanto leí el correo de mi amigo, hice una rápida oración: *Dios, por favor, protege a Dionisio. Rodéalo con tu cuidado y protección.*

Y enseguida me olvidé del asunto.

Seis días después, mi amigo me mandó la noticia por correo electrónico: *Temprano en la mañana, el abogado de AJS, Dionisio Díaz García, fue asesinado por pistoleros enmascarados cerca del Tribunal Supremo de Honduras.*

Dionisio iba de camino a discutir un caso en los tribunales cuando dos hombres en una motocicleta se detuvieron cerca de su camioneta y le dispararon a matar. Un hombre bueno, que luchaba por una causa justa, fue asesinado de manera repentina y brutal, dejando a su esposa y a su hijo de seis años sin un esposo y padre.

Tres días después, tuvo lugar otra amenaza de muerte. En esta ocasión estaba dirigida al presidente de la junta directiva de AJS, quien recibió un mensaje de texto en su teléfono celular que decía: *Tú eres el próximo.*

Desde entonces, los cristianos del mundo entero se han movilizado a fin de orar por la protección de los que trabajan para AJS. Al unir mis oraciones a las de ellos, me acuerdo de las promesas de Dios en su Palabra. Sin embargo, también recuerdo que el resultado de cualquier lucha no puede predecirse, a pesar de que la actitud de Dios hacia aquellos que ama sí se puede vaticinar. Él nos guarda, tal y como declara el salmista en el Salmo 121:7-8:

> El Señor te protegerá;
> de todo mal protegerá tu vida.
> El Señor te cuidará en el hogar y en el camino,
> desde ahora y para siempre.

Aunque por un tiempo el mal florezca, al final es verdad que, como nos aseguran las Escrituras: «El malvado cae por su propia maldad; el justo halla refugio en su integridad» (Proverbios 14:32).

Al meditar en las palabras de protección de Dios, oro por una confianza más profunda en la capacidad de Dios para cuidar de mí y mis seres queridos. Que sin ansiedad pueda dejar en sus manos amorosas y todopoderosas la decisión de si protegerá mi cuerpo o tan solo mi alma. Y que mi confianza en su cuidado vigilante me libere del temor para que pueda ser obediente y fiel en cualquier cosa que Dios me pida.

EN LA MAÑANA

Yo escucho tus oraciones

Busqué al SEÑOR, y él me respondió;
me libró de todos mis temores.
Radiantes están los que a él acuden;
jamás su rostro se cubre de vergüenza.
Este pobre clamó, y el SEÑOR le oyó
y lo libró de todas sus angustias.
El ángel del SEÑOR acampa en torno a los que le
temen;
a su lado está para librarlos.
Prueben y vean que el SEÑOR es bueno;
dichosos los que en él se refugian.
Teman al SEÑOR, ustedes sus santos,
pues nada les falta a los que le temen.
Los leoncillos se debilitan y tienen hambre,
pero a los que buscan al SEÑOR nada les falta.

Señor, gracias por escuchar mis oraciones y librarme de mis te-
mores. Ayúdame a vivir con una sensación de sobrecogimiento
en tu presencia, que busque escucharte siempre y obedecer tu
Palabra. Que tus ángeles me rodeen y me mantengan a salvo.

Salmo 34:4-10

EN LA NOCHE

Ningún peligro te alcanzará

El que habita al abrigo del Altísimo
se acoge a la sombra del Todopoderoso.
Yo le digo al Señor: «Tú eres mi refugio,
mi fortaleza, el Dios en quien confío» [...]
te cubrirá con sus plumas
y bajo sus alas hallarás refugio.
¡Su verdad será tu escudo y tu baluarte! [...]
Podrán caer mil a tu izquierda,
y diez mil a tu derecha,
pero a ti no te afectará [...]
Porque él ordenará que sus ángeles
te cuiden en todos tus caminos.
Con sus propias manos te levantarán
para que no tropieces con piedra alguna [...]
Yo lo libraré, porque él se acoge a mí;
lo protegeré, porque reconoce mi nombre.

Señor, enséñame lo que significa habitar a tu abrigo y refugiarme bajo tus alas. Permíteme ver tu sombra como prueba de que estás cerca, cuidándome.

Salmo 91:1-2, 4, 7, 11-12, 14

EN LA MAÑANA

Yo soy tu refugio

Tú perdonaste mi maldad y mi pecado.
Por eso los fieles te invocan
en momentos de angustia;
caudalosas aguas podrán desbordarse,
pero a ellos no los alcanzarán.
Tú eres mi refugio;
tú me protegerás del peligro
y me rodearás con cánticos de liberación.
El Señor dice:
«Yo te instruiré,
yo te mostraré el camino que debes seguir;
yo te daré consejos y velaré por ti».

*Señor, tú eres mi refugio y mi libertador. Ayúdame a buscar
abrigo en ti hoy y a seguir tu consejo. Gracias por la protección que prometes y tu cuidado fiel.*

Salmo 32:5-8

EN LA NOCHE

Ni me duermo ni me adormezco

A las montañas levanto mis ojos;
¿de dónde ha de venir mi ayuda?
Mi ayuda proviene del Señor,
creador del cielo y de la tierra.
No permitirá que tu pie resbale;
jamás duerme el que te cuida.
Jamás duerme ni se adormece
el que cuida de Israel.
El Señor es quien te cuida,
el Señor es tu sombra protectora.
De día el sol no te hará daño,
ni la luna de noche.
El Señor te protegerá;
de todo mal protegerá tu vida.
El Señor te cuidará en el hogar y en el camino,
desde ahora y para siempre.

Señor, tú eres un Padre perfecto. Tu atención nunca se desvía de los que amas. Ayúdame a dormir en paz, sabiendo que tú me guardas.

Salmo 121

EN LA MAÑANA

Estoy a tu derecha

Cuídame, oh Dios, porque en ti busco refugio […]
Bendeciré al SEÑOR, que me aconseja;
aun de noche me reprende mi conciencia.
Siempre tengo presente al SEÑOR;
con él a mi derecha, nada me hará caer.
Por eso mi corazón se alegra,
y se regocijan mis entrañas;
todo mi ser se llena de confianza.
No dejarás que mi vida termine en el sepulcro;
no permitirás que sufra corrupción tu siervo fiel.
Me has dado a conocer la senda de la vida;
me llenarás de alegría en tu presencia,
y de dicha eterna a tu derecha.

Señor, cuando vengan los problemas, ayúdame a mirar hacia arriba, a ti, y no abajo, a todas las cosas que hacen la vida difícil. Instruye a mi corazón y guía mis pasos, recuérdame que tú estás a mi derecha y te alabaré.

Salmo 16:1, 7-11

EN LA NOCHE

Yo soy el pastor que te guarda

El SEÑOR es mi pastor, nada me falta;
en verdes pastos me hace descansar.
Junto a tranquilas aguas me conduce;
me infunde nuevas fuerzas.
Me guía por sendas de justicia
por amor a su nombre.
Aun si voy por valles tenebrosos,
no temo peligro alguno
porque tú estás a mi lado;
tu vara de pastor me reconforta.
Dispones ante mí un banquete
en presencia de mis enemigos.
Has ungido con perfume mi cabeza;
has llenado mi copa a rebosar.
La bondad y el amor me seguirán
todos los días de mi vida;
y en la casa del SEÑOR
habitaré para siempre.

Señor, tu fortaleza y tu poder, tu vara de pastor, me reconfor-
tan. El solo hecho de recordar tu fidelidad me brinda calma.
Cuando sienta miedo, ayúdame a imaginarte como eres, un
pastor que nos ama intensamente, listo para alejar cualquier
cosa que me amenace.

Salmo 23

EN LA MAÑANA

Atesoro cosas buenas para ti

Cuán grande es tu bondad,
que atesoras para los que te temen,
y que a la vista de la gente derramas
sobre los que en ti se refugian.
Al amparo de tu presencia los proteges
de las intrigas humanas;
en tu morada los resguardas
de las lenguas contenciosas.
Bendito sea el SEÑOR,
pues mostró su gran amor por mí
cuando me hallaba en una ciudad sitiada.

Señor, perdóname por subestimar tu bondad. Cuando la vida es difícil, a veces te he culpado, como si tú quisieras dañarme en lugar de ayudarme. Santifica mi mente y mi imaginación para que en vez de juzgarte injustamente, pueda verte como eres: fuerte y sabio, amoroso y protector. Revélame las maravillas de tu amor.

Salmo 31:19-21

EN LA NOCHE

Mi sabiduría te protegerá

No abandones nunca a la sabiduría,
y ella te protegerá;
ámala, y ella te cuidará.

El malvado cae por su propia maldad;
el justo halla refugio en su integridad.

El que es honrado se mantendrá a salvo;
el de caminos perversos caerá en la fosa.

Necio es el que confía en sí mismo;
el que actúa con sabiduría se pone a salvo.

Pongan en práctica mis estatutos y observen mis
preceptos, y habitarán seguros en la tierra. La
tierra dará su fruto, y comerán hasta saciarse, y allí
vivirán seguros.

Señor, ya me has mostrado la forma en que debo vivir. Per-
dóname por las ocasiones en que he preferido mi manera a
la tuya. Ayúdame a obedecerte en las cosas pequeñas y las
grandes, y sé mi refugio cuando venga la calamidad.

Proverbios 4:6; Proverbios 14:32; Proverbios 28:18; Proverbios 28:26;
Levítico 25:18-19

Jueves

EN LA MAÑANA

Confía en mí en todo tiempo

Muchas son las angustias del justo,
pero el SEÑOR lo librará de todas ellas;
le protegerá todos los huesos,
y ni uno solo le quebrarán.
La maldad destruye a los malvados;
serán condenados los enemigos de los justos.
El SEÑOR libra a sus siervos;
no serán condenados los que en él confían.

«Padre santo, protégelos con el poder de tu nombre, el nombre que me diste, para que sean uno, lo mismo que nosotros. Mientras estaba con ellos, los protegía y los preservaba mediante el nombre que me diste […] No te pido que los quites del mundo, sino que los protejas del maligno».

Señor, recuérdame lo que te sucedió en la cruz. Ellos traspasaron tu costado, pero no rompieron ni uno de tus huesos. Tuviste muchos problemas, pero nos mostraste la manera de vencerlos todos. Confío en que me protegerás y librarás ahora y siempre, amén.

Salmo 34:19-22; Juan 17:11-12, 15

EN LA NOCHE

Extenderé mi mano y te ayudaré

El SEÑOR es mi roca, mi amparo, mi libertador;
es mi Dios, el peñasco en que me refugio.
Es mi escudo, el poder que me salva,
¡mi más alto escondite!
Invoco al SEÑOR, que es digno de alabanza,
y quedo a salvo de mis enemigos.
Los lazos de la muerte me envolvieron;
los torrentes destructores me abrumaron.
Me enredaron los lazos del sepulcro,
y me encontré ante las trampas de la muerte.
En mi angustia invoqué al SEÑOR;
clamé a mi Dios,
y él me escuchó desde su templo;
¡mi clamor llegó a sus oídos! […]
Extendiendo su mano desde lo alto,
tomó la mía y me sacó del mar profundo.
Me libró de mi enemigo poderoso,
de aquellos que me odiaban
y eran más fuertes que yo.
En el día de mi desgracia me salieron al encuentro,
pero mi apoyo fue el SEÑOR.
Me sacó a un amplio espacio;
me libró porque se agradó de mí.

Señor, incluso en mi peor desastre, tú estás presente, fuerte y amoroso. Sé que escucharás mi llamado. Cuando yo clame a ti, me responderás.

Salmo 18:2-6, 16-19

Viernes

EN LA MAÑANA

Soy el escudo de tu salvación

Tú, SEÑOR, mantienes mi lámpara encendida;
tú, Dios mío, iluminas mis tinieblas.
Con tu apoyo me lanzaré contra un ejército;
contigo, Dios mío, podré asaltar murallas.
El camino de Dios es perfecto;
la palabra del SEÑOR es intachable.
Escudo es Dios a los que en él se refugian.
¿Quién es Dios, si no el SEÑOR?
¿Quién es la roca, si no nuestro Dios?
Es él quien me arma de valor
y endereza mi camino;
da a mis pies la ligereza del venado,
y me mantiene firme en las alturas;
adiestra mis manos para la batalla,
y mis brazos para tensar arcos de bronce.
Tú me cubres con el escudo de tu salvación,
y con tu diestra me sostienes;
tu bondad me ha hecho prosperar.

Señor, tú me das vigor y me haces fuerte. Con tu ayuda puedo hacer cualquier cosa que me pidas. Dame un corazón valiente para pelear las batallas que les sobrevienen a los que te pertenecen.

Salmo 18:28-35

EN LA NOCHE

Enviaré mi amor y mi verdad

Ten compasión de mí, oh Dios;
ten compasión de mí, que en ti confío.
A la sombra de tus alas me refugiaré,
hasta que haya pasado el peligro.
Clamo al Dios Altísimo,
al Dios que me brinda su apoyo.
Desde el cielo me tiende la mano y me salva;
reprende a mis perseguidores.
¡Dios me envía su amor y su verdad!

El Dios sempiterno es tu refugio;
por siempre te sostiene entre sus brazos.

Señor, te pido que cumplas tu propósito para mi vida. No permitas que nada ni nadie obstruya tu plan. Cuando vengan los problemas, escóndeme en el refugio de tus alas.

Salmo 57:1-3; Deuteronomio 33:27

EN LA MAÑANA

Te daré sabiduría

Porque el SEÑOR da la sabiduría;
conocimiento y ciencia brotan de sus labios.
Él reserva su ayuda para la gente íntegra
y protege a los de conducta intachable.
Él cuida el sendero de los justos
y protege el camino de sus fieles.
Entonces comprenderás la justicia y el derecho,
la equidad y todo buen camino;
la sabiduría vendrá a tu corazón,
y el conocimiento te endulzará la vida.
La discreción te cuidará,
la inteligencia te protegerá.

Señor, ayúdame a comprender la justicia y el derecho, a seguir todo buen camino. Que la discreción me cuide y la inteligencia me proteja. Guárdame mientras busco seguirte.

Proverbios 2:6-11

EN LA NOCHE

Enjugaré tus lágrimas

Porque tú has sido,
en su angustia,
un baluarte para el desvalido,
un refugio para el necesitado,
un resguardo contra la tormenta,
una sombra contra el calor.
En cambio, el aliento de los crueles
es como una tormenta contra un muro,
como el calor en el desierto.
Tú aplacas el tumulto de los extranjeros,
como se aplaca el calor bajo la sombra de una nube,
y ahogas la alharaca de los tiranos.

Sobre este monte, el Señor Todopoderoso
preparará para todos los pueblos
un banquete de manjares especiales,
un banquete de vinos añejos,
de manjares especiales y de selectos vinos añejos.
Sobre este monte rasgará
el velo que cubre a todos los pueblos,
el manto que envuelve a todas las naciones.
Devorará a la muerte para siempre;
el Señor omnipotente enjugará las lágrimas de todo rostro.

Isaías 25:4-8

Señor, tú ofreces la protección más profunda. Independiente-
mente de lo que pase en esta vida, sé que algún día enjugarás
la última de mis lágrimas. Tú acallarás la canción de mi ene-
migo cruel y destruirás a la muerte para siempre. Te alabo,
mi Dios fiel.

RECORDARÉ ESTO

El que habita al abrigo del Altísimo
se acoge a la sombra del Todopoderoso.
Yo le digo al Señor: «Tú eres mi refugio,
mi fortaleza, el Dios en quien confío.»

....

No permitirá que tu pie resbale;
jamás duerme el que te cuida.
Jamás duerme ni se adormece
el que cuida de Israel.

....

El Dios sempiterno es tu refugio;
por siempre te sostiene entre sus brazos.

....

No abandones nunca a la sabiduría,
y ella te protegerá;
ámala, y ella te cuidará.

....

Mientras pensaba en la promesa de Dios de cuidar y proteger a aquellos que le pertenecen, recordé varias ocasiones en mi propia vida en las que Dios ha sido fiel a esta promesa.

1. Cuando tenía diez años, casi estrello un bote a toda velocidad contra un muelle porque me distraje con

Salmo 91:1-2; Salmo 121:3-4; Deuteronomio 33:27; Proverbios 4:6

algo. Alcé los ojos justo a tiempo para girar el timón y no chocar con el desembarcadero.

2. Cuando cumplí doce años, casi me atropella un auto mientras cruzaba una calle de mucho tráfico cerca de mi casa.

3. Cuando tenía catorce años, un camión que se llevó la luz roja golpeó el auto en el que viajaba por un costado. Me hubiera matado si hubiera estado sentada en el asiento trasero de la izquierda y no en el de la derecha.

4. Cuando tenía unos treinta años, un auto que iba a exceso de velocidad por unos centímetros no nos dio a una amiga y a mí que trotábamos por una calzada muy transitada. (¡Sin embargo, casi nos da un ataque al corazón!).

5. Cuando tenía casi cuarenta años, en un viaje de negocio a Londres, me bajé del borde de la acera y casi me atropella un auto. (Se me había olvidado que allí manejan por el lado contrario de la calle).

6. Cuando tenía cuarenta y nueve años, casi me caigo por el hueco de una escalera al vacío mientras me estaban remodelando el ático para convertirlo en oficina. Me encontraba tan ocupada observando la remodelación que se me olvidó que habían quitado el pasamano de la escalera provisionalmente.

Está bien, quizá usted sospeche que tengo problemas de atención o soy un caso crónico de descuido, y puede que tenga razón. Sin embargo, le doy gracias a Dios por protegerme fielmente de mí misma durante todos estos años. En realidad, sucede que muchas veces necesito protección no de las amenazas externas, sino de las que vienen de adentro. También se me ocurre que la parte más preciosa de cualquier ser humano es la que es capaz de vivir para siempre. Mi alma, más que mi cuerpo, es la que necesita ante todo el cuidado protector de Dios. Requiero protección de cualquier cosa que amenace mi fe y mi fidelidad.

Jesús debe haber previsto el daño que muchos de sus seguidores padecerían por amor a él. No obstante, escucha cómo oró por sus discípulos poco antes de su muerte: «Ya no voy a estar por más tiempo en el mundo, pero ellos están todavía en el mundo, y yo vuelvo a ti. Padre santo, protégelos con el poder de tu nombre, el nombre que me diste […] No te pido que los quites del mundo, sino que los protejas del maligno» (Juan 17:11, 15). Él oraba no tanto por los males que amenazarían sus cuerpos, sino por los que podían dañar sus almas.

Con esto en mente, todavía le pido a Dios que nos guarde a mí y a mis seres queridos del daño físico. Sin embargo, ya sea que responda o no de la manera en que quiero, sé que es verdad, como proclama el salmista, que mi ayuda viene del Señor, quien cuida de mí. Él no dejará que mi pie resbale. Él no se adormecerá ni dormirá.

7
Dios habla palabras de amor y misericordia

....

חֶסֶד
HESED

Hesed, que aparece unas doscientas cincuenta veces en las Escrituras hebreas, es una palabra rica en promesa, una palabra que se comprende mejor en el contexto de la relación de pacto que Dios tiene con su pueblo. Puede traducirse como «amor», «bondad», «amor inagotable», «misericordia», «fidelidad», «devoción» o «compasión». Pudiera decirse que *hesed* es lo que nos ata a Dios, ya que sin misericordia la relación entre un Dios santo y un pueblo pecador no podría mantenerse. *Hesed* es la palabra que se usó en la descripción que Dios hace de sí mismo en Éxodo 34:6: «El SEÑOR, el SEÑOR, Dios clemente y compasivo, lento para la ira y grande en *amor* y fidelidad». La *hesed* de Dios se expresa de manera más completa en la vida y la muerte de Jesucristo, el cual nos salva debido a su misericordia.

Eleos es la palabra griega que más se acerca a la palabra hebrea *hesed*. Jesús de Nazaret es la misericordia de Dios hecha visible. Él muestra la fidelidad de Dios al salvarnos de nuestros pecados para que podamos tener vida eterna en una comunión constante con Dios. «¡Ten misericordia de nosotros!» es una súplica repetida por unos hombres ciegos, un recaudador de impuestos y algunos padres desesperados, todos clamando a Jesús por su ayuda.

PERMITIENDO QUE LA PALABRA ME TRANSFORME

El otro día una de mis hijas le dio un tirón a la puerta principal, con el ceño fruncido y los brazos cruzados a la defensiva.

—¿Qué pasa? —le pregunté.

—¡Caroline no puede jugar! Va a salir a cenar con sus padres. Nunca quieren que juegue con ella. ¡Nunca! —exclamó con un gesto de enfado—. ¿Por qué siempre salen fuera? ¡Deberían preguntarme antes de ir a cualquier lugar! ¡Debe ser que no quieren que juegue con ella!

Traté de calmar a mi hija al recordarle que las familias necesitan pasar tiempo juntas y que ella no debía considerar la ausencia de su amiga como algo personal. No obstante, el torrente continuó. Ella echaba humo, un pequeño tornado lleno de energía frustrada y arremolinada en sí misma.

Me di cuenta de que muchos vamos por la vida como pequeños torbellinos, con nuestra energía muy enfocada hacia adentro, como si fuéramos el mismo centro del universo. Recuerdo un ejemplo extremo de esto. Sucedió hace unos años cuando una amiga estaba hablándole a un grupo de secundaria sobre el aborto. Janet había explicado con mucho cuidado lo que era el aborto y señaló que este acto implicaba el fin de una vida humana. Luego comentó acerca de la adopción y presentó sugerencias específicas para tratar con un embarazo problemático sin recurrir al aborto. Durante el tiempo de preguntas y respuestas, una chica levantó la mano y dijo: «Yo todavía no entiendo. ¿Cuál es la diferencia?».

Después de haber hablado del aborto y la adopción con muchos detalles, Janet estaba asombrada ante el comentario. ¿Cuán difícil podría ser entender la diferencia? Al indagar más, descubrió lo que la chica realmente preguntaba: «¿Qué diferencia representa *para mí* si aborto al bebé o si lo doy en adopción? De cualquier modo, *yo* me deshago del bebé».

Algunos de nosotros somos como pequeños tornados arremolinados, demasiado absortos en nuestros propios pensamientos, necesidades y deseos como para pensar en nadie más. Esta imagen me muestra cuán distorsionadas y destructivas pueden volverse nuestras vidas cuando Dios no está en el centro con su sanidad y su gracia estabilizadora. No obstante, antes de que pudiera concluir con tales pensamientos, algo sucedió. Una carta en el correo. Una llamada telefónica urgente. Noticias de una amiga que ocupaba un puesto público y había sido encontrada culpable de una falla moral grave. De pronto, mis propios pensamientos comenzaron a arremolinarse. ¿Qué pasaría después? Me imaginé los resultados, todas las consecuencias negativas. Y entonces me pregunté si habría un lado positivo. Para ser más específica, ¿podrían las circunstancias obrar de una manera que pudiera beneficiarme? Rápidamente hice a un lado esta idea y comencé a orar por mi amiga. ¡Cuán difícil debía ser la vida para ella!

No fue hasta el día siguiente que sentí compasión al pensar en lo que podrían deparar los próximos días. Me enfrenté cara a cara con lo horrible de la situación. No era que yo rechazara lo que mi amiga supuestamente había hecho mal, sino la manera en que yo reaccioné al principio ante la noticia de su dificultad. Parece que soy solo un tornado más que se arremolina absorto en sí mismo, muy capaz de girar alrededor de sus propios pensamientos destructivos.

En verdad, ese era mi estado de ánimo, un sentimiento muy claro y real de mi necesidad de Dios, cuando empecé a leer sus palabras de misericordia.

«No son los sanos los que necesitan médico sino los enfermos. Pero vayan y aprendan lo que significa: "Lo que pido de ustedes es misericordia y no sacrificios". Porque no he venido a llamar a justos sino a pecadores» (Mateo 9:12-13).

Pero cuando se manifestaron la bondad y el amor de Dios nuestro Salvador, él nos salvó, no por nuestras propias obras de justicia sino por su misericordia (Tito 3:4-5).

Busquen al SEÑOR mientras se deje encontrar, llámenlo mientras esté cercano.
Que abandone el malvado su camino, y el perverso sus pensamientos.
Que se vuelva al SEÑOR, a nuestro Dios, que es generoso para perdonar, y de él recibirá misericordia.
«Porque mis pensamientos no son los de ustedes, ni sus caminos son los míos —afirma el SEÑOR— [...]» (Isaías 55:6-8).

Entonces leí un ensayo breve que mostraba un cuadro similar, pero empleaba una imagen diferente. El escritor hablaba de un tipo de corteza que se forma alrededor del corazón humano. Sucede cuando dirigimos nuestra vida hacia lo que él denomina «atracciones parciales», cosas como el dinero, el sexo, la seguridad, la posición o el poder. Jesús, decía él, vino a arrancarnos la «corteza» de nuestros corazones para que podamos conocerlo como nuestro deseo verdadero.

No es de extrañarse que el Señor se muestre en el evangelio como alguien que no siempre es muy agradable. En lugar de suavizar las cosas, a menudo Jesús parece agitarlas. Mira los ejemplos de la mujer samaritana y Poncio Pilato. El escritor señalaba que Jesús «es brusco e incluso hiriente porque no es delicado con la corteza; él no se confabula con ella ni le sigue el juego. Esta corteza es una barrera entre él y el corazón, y él nunca respetará ni tolerará cortésmente una barrera así. La barrera de la mujer samaritana era la duda de que el verdadero amor y la amistad pudieran existir. La barrera de Pilato eran el poder y la posición»[6].

Me puse a pensar en mi propio corazón y el corazón de mi amiga. ¿Cuán recubiertas nos habíamos vuelto por las «atracciones parciales» que habíamos perseguido? Oré por mí y por ella, y le pedí a Dios que viniera con su misericordia y quitara cualquier barrera de nuestros corazones que nos impidiera atesorarlo a él en ellos.

EN LA MAÑANA

No estaré enojado para siempre

¡Vuelve, apóstata Israel!
No te miraré con ira —*afirma el Señor*—.
No te guardaré rencor para siempre,
porque soy misericordioso —*afirma el Señor*—.

Pero si desde allí buscas al Señor tu Dios con todo tu corazón y con toda tu alma, lo encontrarás. Y al cabo del tiempo, cuando hayas vivido en medio de todas esas angustias y dolores, volverás al Señor tu Dios y escucharás su voz. Porque el Señor tu Dios es un Dios compasivo, que no te abandonará ni te destruirá, ni se olvidará del pacto que mediante juramento hizo con tus antepasados.

Señor, tú has prometido no olvidarme, abandonarme ni destruirme nunca. Ayúdame a basar mi fe en la verdad, la verdad de quién eres y cómo me ves, con ojos de misericordia y no de condenación.

Jeremías 3:12; Deuteronomio 4:29-31

EN LA NOCHE

Mi amor te satisfará

Es que el Señor es muy compasivo y misericordioso.

Oh Dios, tú eres mi Dios;
yo te busco intensamente.
Mi alma tiene sed de ti;
todo mi ser te anhela,
cual tierra seca, extenuada y sedienta.
Te he visto en el santuario
y he contemplado tu poder y tu gloria.
Tu amor es mejor que la vida;
por eso mis labios te alabarán.
Te bendeciré mientras viva,
y alzando mis manos te invocaré.
Mi alma quedará satisfecha
como de un suculento banquete,
y con labios jubilosos
te alabará mi boca.

Señor tú me has mostrado tu amor de maneras incontables. Ayúdame a basar mi vida no en mi debilidad, sino en la fortaleza de tu amor. Enséñame a depender del amor que sientes por mí, porque es mejor que la vida.

Santiago 5:11; Salmo 63:1-5

Lunes

EN LA MAÑANA

Soy rico en misericordia

A los que son amados por Dios el Padre, guardados por Jesucristo y llamados a la salvación: Que reciban misericordia, paz y amor en abundancia.

Pero Dios, que es rico en misericordia, por su gran amor por nosotros, nos dio vida con Cristo, aun cuando estábamos muertos en pecados. ¡Por gracia ustedes han sido salvados! Y en unión con Cristo Jesús, Dios nos resucitó y nos hizo sentar con él en las regiones celestiales, para mostrar en los tiempos venideros la incomparable riqueza de su gracia, que por su bondad derramó sobre nosotros en Cristo Jesús. Porque por gracia ustedes han sido salvados mediante la fe; esto no procede de ustedes, sino que es el regalo de Dios.

Señor, todo lo bueno en mi vida viene como un regalo de tu mano. Y el mejor regalo es este, que diste a tu Hijo para salvarme. Gracias por la misericordia que define mi vida y me mantiene conectada a ti ahora y siempre.

Judas 1:1-2; Efesios 2:4-8

EN LA NOCHE

Puedes confiar en mi gran amor

Vuélvete, SEÑOR, y sálvame la vida;
por tu gran amor, ¡ponme a salvo!

Así no dirá mi enemigo: «Lo he vencido»;
 así mi adversario no se alegrará de mi caída.
Pero yo confío en tu gran amor;
mi corazón se alegra en tu salvación.
Canto salmos al SEÑOR.
¡El SEÑOR ha sido bueno conmigo!

Ustedes, en cambio, queridos hermanos, manténganse en el amor de Dios […] mientras esperan que nuestro Señor Jesucristo, en su misericordia, les conceda vida eterna.

Señor, el pecado me debilita y me hace vulnerable a todo tipo de mal. Hoy clamo por misericordia. Extiende tu mano y levántame. Déjame triunfar sobre mis enemigos y mediante tu ayuda fiel. Mantenme cimentada en tu amor.

Salmo 6:4; Salmo 13:4-6; Judas 1:21

Martes

EN LA MAÑANA

Sacio al hambriento con cosas buenas

Entonces dijo María:
—Mi alma glorifica al Señor,
y mi espíritu se regocija en Dios mi Salvador,
porque se ha dignado fijarse en su humilde sierva.
Desde ahora me llamarán dichosa todas las
  generaciones,
porque el Poderoso ha hecho grandes cosas por mí.
¡Santo es su nombre!
De generación en generación
se extiende su misericordia a los que le temen.
Hizo proezas con su brazo;
desbarató las intrigas de los soberbios.
De sus tronos derrocó a los poderosos,
mientras que ha exaltado a los humildes.
A los hambrientos los colmó de bienes,
y a los ricos los despidió con las manos vacías.
Acudió en ayuda de su siervo Israel
y, cumpliendo su promesa a nuestros padres,
mostró su misericordia a Abraham
y a su descendencia para siempre.

Lucas 1:46-55

Señor, tú nunca olvidas a aquellos que te pertenecen, sino que derramas tu misericordia y nos llenas con cosas buenas. Lléname hoy con un sentido de tu presencia y con gratitud por el regalo de tu hijo.

EN LA NOCHE

¿Qué quieres que haga por ti?

Sucedió que al acercarse Jesús a Jericó, estaba un ciego sentado junto al camino pidiendo limosna. Cuando oyó a la multitud que pasaba, preguntó qué acontecía.

—Jesús de Nazaret está pasando por aquí —le respondieron.

—¡Jesús, Hijo de David, ten compasión de mí! —gritó el ciego.

Los que iban delante lo reprendían para que se callara, pero él se puso a gritar aún más fuerte:

—¡Hijo de David, ten compasión de mí!

Jesús se detuvo y mandó que se lo trajeran. Cuando el ciego se acercó, le preguntó Jesús:

—¿Qué quieres que haga por ti?

—Señor, quiero ver.

—¡Recibe la vista! —le dijo Jesús—. Tu fe te ha sanado.

Al instante recobró la vista.

Jesús, no voy a dejar de clamar a ti, independientemente de lo que cualquiera pueda pensar o decir. Conozco mi necesidad y sé de dónde viene mi socorro, de ti, mi Señor y Salvador.

Lucas 18:35-43

EN LA MAÑANA

Yo escucho al necesitado

A algunos que, confiando en sí mismos, se creían justos y que despreciaban a los demás, Jesús les contó esta parábola: «Dos hombres subieron al templo a orar; uno era fariseo, y el otro, recaudador de impuestos. El fariseo se puso a orar consigo mismo: "Oh Dios, te doy gracias porque no soy como otros hombres —ladrones, malhechores, adúlteros— ni mucho menos como ese recaudador de impuestos. Ayuno dos veces a la semana y doy la décima parte de todo lo que recibo." En cambio, el recaudador de impuestos, que se había quedado a cierta distancia, ni siquiera se atrevía a alzar la vista al cielo, sino que se golpeaba el pecho y decía: "¡Oh Dios, ten compasión de mí, que soy pecador!"

»Les digo que éste, y no aquél, volvió a su casa justificado ante Dios. Pues todo el que a sí mismo se enaltece será humillado, y el que se humilla será enaltecido.»

Señor, solo lo vacío puede llenarse, solo se puede alimentar a los hambrientos. Soy pecadora y débil, necesito tu misericordia. Te pido que me alimentes y me llenes con tu amorosa bondad.

Lucas 18:9-14

EN LA NOCHE

Te perdonaré con abundancia

Busquen al SEÑOR mientras se deje encontrar,
llámenlo mientras esté cercano.
Que abandone el malvado su camino,
y el perverso sus pensamientos.
Que se vuelva al SEÑOR, a nuestro Dios,
que es generoso para perdonar,
y de él recibirá misericordia.
«Porque mis pensamientos no son los de ustedes,
ni sus caminos son los míos —*afirma el SEÑOR*—.
Mis caminos y mis pensamientos
son más altos que los de ustedes;
¡más altos que los cielos sobre la tierra!».

Lo que pido de ustedes es amor y no sacrificios,
conocimiento de Dios y no holocaustos.

Señor, ¿por qué tu misericordia y tu bondad me sorprenden siempre? Ayúdame a dejar de verte como un ser humano gigante y comenzar a percibirte como lo que eres en realidad. Te alabo por valorar la misericordia más que el sacrificio y por perdonar abundantemente a todo el que acude a ti, entre ellos yo.

Isaías 55:6-9; Oseas 6:6

EN LA MAÑANA

Deseo compasión

Mientras Jesús estaba comiendo en casa de Mateo, muchos recaudadores de impuestos y pecadores llegaron y comieron con él y sus discípulos. Cuando los fariseos vieron esto, les preguntaron a sus discípulos:

—¿Por qué come su maestro con recaudadores de impuestos y con pecadores?

Al oír esto, Jesús les contestó:

—No son los sanos los que necesitan médico sino los enfermos. Pero vayan y aprendan lo que significa: "Lo que pido de ustedes es misericordia y no sacrificios". Porque no he venido a llamar a justos sino a pecadores.

¡La compasión triunfa en el juicio!

Señor, ayúdame a no despreciar a las personas cuyas vidas son un desastre. En cambio, hazme un instrumento de tu misericordia, y que recuerde que yo, al igual que ellos, estoy entre esos que necesitan de tu gracia sanadora.

Mateo 9:10-13; Santiago 2:13

EN LA NOCHE

Me compadezco de tu debilidad

Uno de los criminales allí colgados empezó a insultarlo:

—¿No eres tú el Cristo? ¡Sálvate a ti mismo y a nosotros!

Pero el otro criminal lo reprendió:

—¿Ni siquiera temor de Dios tienes, aunque sufres la misma condena? En nuestro caso, el castigo es justo, pues sufrimos lo que merecen nuestros delitos; éste, en cambio, no ha hecho nada malo.

Luego dijo:

—Jesús, acuérdate de mí cuando vengas en tu reino.

—Te aseguro que hoy estarás conmigo en el paraíso —le contestó Jesús.

Por lo tanto, ya que en Jesús, el Hijo de Dios, tenemos un gran sumo sacerdote que ha atravesado los cielos, aferrémonos a la fe que profesamos. Porque no tenemos un sumo sacerdote incapaz de compadecerse de nuestras debilidades, sino uno que ha sido tentado en todo de la misma manera que nosotros, aunque sin pecado. Así que acerquémonos confiadamente al trono de la gracia para recibir misericordia y hallar la gracia que nos ayude en el momento que más la necesitamos.

Lucas 23:39-43; Hebreos 4:14-16

Señor, uno de tus últimos actos antes de tu muerte fue mostrar misericordia. En realidad, toda tu vida fue un acto de misericordia, al compartir nuestras penas y llevar nuestro dolor. Gracias por identificarte con nuestra debilidad y permitirnos acercarnos a ti con confianza para que podamos encontrar ayuda en los tiempos de necesidad.

Viernes

EN LA MAÑANA

Sé compasivo así como yo soy compasivo

¡Ya se te ha declarado lo que es bueno!
Ya se te ha dicho lo que de ti espera el SEÑOR:
Practicar la justicia,
amar la misericordia,
y humillarte ante tu Dios.

¿Qué mérito tienen ustedes al amar a quienes los aman? Aun los pecadores lo hacen así. ¿Y qué mérito tienen ustedes al hacer bien a quienes les hacen bien? Aun los pecadores actúan así. ¿Y qué mérito tienen ustedes al dar prestado a quienes pueden corresponderles? Aun los pecadores se prestan entre sí, esperando recibir el mismo trato. Ustedes, por el contrario, amen a sus enemigos, háganles bien y denles prestado sin esperar nada a cambio. Así tendrán una gran recompensa y serán hijos del Altísimo, porque él es bondadoso con los ingratos y malvados. Sean compasivos, así como su Padre es compasivo.

Gracias por toda la misericordia que me has mostrado. Ayúdame a recordar que la misericordia que tú extiendes es «misericordia que se transmite». Permíteme recordar eso la próxima vez que alguien me hiera. Dame ojos misericordiosos y un corazón lleno de compasión para hacer tu voluntad.

Miqueas 6:8; Lucas 6:32-36

EN LA NOCHE

Te he amado con amor eterno

Con amor eterno te he amado;
por eso te sigo con fidelidad.

¿Qué Dios hay como tú,
que perdone la maldad
y pase por alto el delito
del remanente de su pueblo?
No siempre estarás airado,
porque tu mayor placer es amar.

Dichosos los compasivos,
porque serán tratados con compasión.

Señor, la próxima vez que me vea tentada a responder con ira y juicio, recuérdame tu promesa de bendecir a los compasivos. En lugar de aspereza, déjame responder con tu amor. Dame la gracia para cambiar.

Jeremías 31:3; Miqueas 7:18; Mateo 5:7

Sábado

EN LA MAÑANA

Soy poderoso y bondadoso a la misma vez

¿Quién, SEÑOR, se te compara entre los dioses?
¿Quién se te compara en grandeza y santidad?
Tú, hacedor de maravillas,
nos impresionas con tus portentos.
Extendiste tu brazo derecho,
¡y se los tragó la tierra!
Por tu gran amor guías al pueblo que has rescatado;
por tu fuerza los llevas a tu santa morada.

—¡Estoy entre la espada y la pared! —respondió
David—. Pero es mejor que yo caiga en las manos
del SEÑOR, porque su amor es muy grande, y no
que caiga en las manos de los hombres.

Señor, tú eres mucho mejor de lo que yo pudiera pedir o ima-
ginar jamás, un Dios que es majestuoso no solo por su poder
sino por su misericordia también. No importa lo que yo haya
hecho, permíteme confiarme a ti.

Éxodo 15:11-13; 1 Crónicas 21:13

EN LA NOCHE

Estoy a tu favor

Pues, ciertamente, no vino en auxilio de los ángeles sino de los descendientes de Abraham. Por eso era preciso que en todo se asemejara a sus hermanos, para ser un sumo sacerdote fiel y misericordioso al servicio de Dios, a fin de expiar los pecados del pueblo. Por haber sufrido él mismo la tentación, puede socorrer a los que son tentados.

Pero ustedes son linaje escogido, real sacerdocio, nación santa, pueblo que pertenece a Dios, para que proclamen las obras maravillosas de aquel que los llamó de las tinieblas a su luz admirable. Ustedes antes ni siquiera eran pueblo, pero ahora son pueblo de Dios; antes no habían recibido misericordia, pero ahora ya la han recibido.

❦

Señor, gracias por convertirnos en lo que no podemos llegar a ser por nosotros mismos: un linaje escogido, real sacerdocio, nación santa. Ayúdanos a unirnos a otros que cada día dependen de tu gracia sustentadora. Que juntos te alabemos por llamarnos de las tinieblas y traernos a tu luz.

Hebreos 2:16-18; 1 Peter 2:9-10

RECORDARÉ ESTO

Canto salmos al Señor.
¡El Señor ha sido bueno conmigo!

. . . .

Manténganse en el amor de Dios […] mientras
esperan que nuestro Señor Jesucristo, en su
misericordia, les conceda vida eterna.

. . . .

¡Ya se te ha declarado lo que es bueno!
Ya se te ha dicho lo que de ti espera el Señor:
Practicar la justicia,
amar la misericordia,
y humillarte ante tu Dios.

. . . .

¡Jesús, Hijo de David, ten compasión de mí!

. . . .

Me gusta la historia del mendigo ciego que estaba sentado junto al camino y pedía limosnas cuando Jesús pasó por
allí. ¿Te acuerdas de él, verdad? Es el hombre al que todo el
mundo trató de hacer callar. Supongo que toda esa gritería
incomodó a la gente.

Tal vez alguien en la multitud había visto al hombre men-
digar antes. Quizá le habían echado una o dos monedas en su

Salmo 13:6; Judas 1:21; Miqueas 6:8; Lucas 18:38

taza. No obstante, es probable que nunca hubieran enfrentado la crudeza de su necesidad, que jamás se hubieran imaginado cómo sería vivir en su lugar. Quizá pensaban que el ciego estaba pidiéndole demasiado a Jesús. ¿Por qué no podía simplemente aceptar su suerte en la vida? ¿Por qué armar un lío delante de todo el mundo?

Sin embargo, a Jesús no pareció ofenderle la conducta del hombre. En lugar de regañarlo, él se detuvo y le preguntó qué quería.

Creo que la historia trata acerca de más de una cosa. Se refiere a clamar a Dios en nuestra necesidad, nuestra miseria, nuestro desorden y que no nos importe cómo eso les parezca o les suene a otros. Se relaciona con orar insistentemente, pedir una y otra vez la ayuda que necesitamos. Y también hace referencia a ver de una manera nueva, esa manera que solo viene a través de la fe.

El ciego profesó su fe en Jesús al usar un título mesiánico: «¡Jesús, *Hijo de David,* ten compasión de mí!». Aunque era ciego, tuvo la visión espiritual para percibir quién era Jesús. Sabía lo que Jesús podía hacer por él. Así que Jesús lo hizo y restauró la vista física del hombre, elogiándolo luego por su visión espiritual, su fe.

Hoy oro para que Dios, que es rico en misericordia, me haga rica en fe. Quiero vivir de una manera que celebre su misericordia y extenderla a otros así como la recibí de él.

8
Dios habla palabras de bendición y provisión

....

בָּרַךְ רָאָה

BARAK; RA-AH

La palabra hebrea *barak* significa «bendecir», mientras que *baruk* significa «bendito» y *beraka* quiere decir «bendición». En la Biblia, el acto de bendecir implica declarar algo bueno y luego llevarlo a cabo. De aquí se entiende que una bendición solo es efectiva si también lo es el que la pronuncia. En el caso de Dios, una bendición es una palabra poderosa que siempre logra su propósito. Una bendición puede ser también una oración que invoca lo bueno o que busca evitar lo malo. En las Escrituras hebreas, las bendiciones se pasaban de generación a generación, como la vez en que Isaac bendijo a su hijo Jacob y cuando Jacob, al final de su vida, bendijo a sus hijos. El concepto de bendecir era tan importante que las personas acostumbraban a saludarse unas a otras con las palabras: «Que Dios te bendiga». Por último, la más grande bendición es la bendición de la presencia de Dios.

La palabra hebrea *ra-ah* se traduce muchas veces como «ver». En algunos pocos casos se traduce como «proveer». El ejemplo más significativo de esto aparece en Génesis 22, cuando Abraham está a punto de sacrificar a Isaac. En el último minuto, Dios provee un carnero como sustituto para el sacrificio. A diferencia de los seres humanos, cuyas vidas se desarrollan en el tiempo, Dios existe fuera del tiempo. Para él el futuro es tan claro como el presente y el pasado. Al ver el futuro con perfecta claridad, puede anticipar nuestras necesidades y proveer para nosotros. De igual manera, la palabra española «provisión» está compuesta de dos palabras latinas que significan «ver anticipadamente».

PERMITIENDO QUE LA PALABRA ME TRANSFORME

Este año, el primer día de la primavera se distinguió por una repentina y prolongada tormenta. Observé el espectáculo de luces detrás del timón de mi auto, mientras la lluvia azotaba el parabrisas y los relámpagos surcaban el cielo seguidos de los estruendosos truenos. Me sentí revitalizada con la lluvia, pero mis niñas sentían todo lo contrario. Una de ellas estaba segura de que nuestro carro estaba a punto de volar en pedazos. Traté de animarla, asegurándole que nos encontrábamos a salvo y pronto estaría en casa, acurrucada en su cálida cama.

La tormenta vino justo en el momento en que había estado dedicando un tiempo a leer y orar sobre las palabras de provisión de Dios. Para hablar con sinceridad, debo decir que mis oraciones fueron desordenadas y poco dignas. En los últimos tiempos había estado preocupada por las finanzas. Los impuestos se elevaban, además de los pagos de la hipoteca, las cuentas del médico y los pagos del seguro. Para aumentar la presión, hacía poco había hecho una inversión considerable, tal vez demasiado grande. Ahora me preguntaba si había estado demasiado deseosa de sacar provecho de una oportunidad a la que debí renunciar. Me sentía culpable sobre todo porque había tomado la decisión muy rápido, sin dedicarle mucho tiempo a la oración. En realidad, ignoré lo incómoda que me sentía cada vez que había orado. ¿Cómo podía esperar ahora la ayuda de Dios? Me lo imaginaba moviendo la cabeza, con los brazos cruzados sobre su pecho y frunciendo el ceño desde los cielos, mientras yo sufría las consecuencias de mi mala decisión.

Pensé que mi actitud hacia Dios era parecida a la de mi hija hacia la tormenta. Ambas estábamos acobardadas, pensando que en cualquier momento nos sorprendería un rayo desde arriba.

Entiendo que las tormentas no siempre son malas. La Biblia describe rayos y truenos tanto en términos positivos como negativos, como señales tanto de la provisión divina como del juicio divino. Además de proporcionar momentos de mucho dramatismo y gran impresión, los relámpagos proporcionan un nitrógeno fundamental para los suelos. Sin ellos, la vida en la tierra sería imposible. Y aunque las Escrituras no hablan del proceso por medio del cual el relámpago fija el nitrógeno usable en el suelo, sí hablan de que Dios envía tormentas de agua a la tierra a fin de proveer alimento para su pueblo. No obstante, la Biblia también describe a Dios como el que lanza relámpagos y truenos desde el cielo en juicio contra los malos.

Así que, ¿cómo debía considerar mi situación? ¿Estaba la nube medio llena o medio vacía?

Al día siguiente pasé en mi auto frente a una iglesia que tenía un cartel afuera que decía: «¡Dios se deleita en ti!». Eso me animó por un momento. Con todo, no pude dejar de preguntarme: ¿Se deleita Dios en todo aquel que pasa frente a esta iglesia? ¿Y si Ted Bundy o Saddam Hussein estuvieran manejando por aquí? ¿O si el Klu Klux Klan organizara una marcha por delante de ella?

No pude evitar la idea de que Dios estaba disgustado. Luego algo sucedió en el trabajo… o no sucedió. No pude encontrar una carpeta importante de permisos. Me había esforzado mucho a fin de obtener el permiso para usar las historias de algunas personas en un libro próximo a salir, pero ahora no podía encontrar la carpeta y sería difícil y llevaría mucho tiempo volver a conseguir toda esa información. Busqué en mi oficina tres veces, pero no apareció por ningún lugar. Así que oré y le pedí a mis amigos que oraran. Seguí buscando sin poder localizarla. Por lo general, soy buena buscando objetos perdidos; Dios en su gracia ha respondido mis oraciones. Sin embargo, no fue así esta vez. De seguro era otra señal de su disgusto.

Entonces sucedió algo más grave. La niñera de mis hijas renunció. Como cualquier madre trabajadora puede decirte, perder a alguien que te ayuda a cuidar a tus hijos es traumático. Además, Kathy es mucho más que una niñera. Ella es el prototipo de la mujer de Proverbios 31. Tiene cuidado de la casa, cuida a mis hijas cuando tengo que trabajar o viajar, y hace un millón de cosas más para mantener un ritmo adecuado en nuestra vida. Ella también ora por nosotros. Es más una hermana que una empleada. ¿Qué haríamos sin ella?

En medio de todo esto, seguía manteniendo mi apresurado diálogo con Dios. «Señor, perdóname por gastar más allá de lo que puedo… He estado corriendo delante de ti, Señor, me arrepiento… Por favor, provee para nuestras finanzas… Señor, tú sabes que necesito ese archivo. Por favor, ayúdame a encontrarlo… Señor, ayuda a Kathy a encontrar la posición que necesita, con más horas de las que yo le puedo dar… Dios, dame sabiduría para este año venidero… ¿Qué arreglos debo hacer con las niñas?». Y así sin parar. Algunas veces sentía paz mientras oraba, segura de que Dios me iba a ayudar. Otras veces me sentía ansiosa, como si me estuviera dirigiendo a una persona tacaña en lugar de a un Padre amoroso.

Entonces me encontré una historia de Sharon Jeffus, una viuda que contaba cuán defraudada se sintió cuando una relación en particular no funcionó como ella había esperado. Una mañana se sentó en la iglesia. Mientras esperaba que comenzara el servicio, su cabeza estaba llena de ideas que luego describió como tontas e infantiles:

«Dios tú me odias... no te intereso»... De pronto un joven vino y se sentó justo frente a mí y en la parte posterior de su camiseta se leían estas palabras: «Así que piensas que yo no te amo». Y luego aparecía una imagen de Cristo en la cruz[7].

Como Sharon, yo también soy culpable de permitir en mi mente ideas tontas e infantiles acerca de Dios. Tal vez he cometido algunos errores. Quizás mis prioridades no han estado en perfecto orden. Dios pudo haber estado disgustado con ciertas decisiones que he tomado, pero él no me ha abandonado ni condenado, al igual que yo nunca abandonaría ni condenaría a mis hijas por alguna cosa que hubieran hecho. No, él ha invertido demasiado en mí como para no amarme.

Con esto en mente, seguí orando. Cada vez que oraba con mi corazón centrado en el Proveedor y no en la provisión, me sentía mejor, con más paz. No obstante, tan pronto como movía el foco de mi atención a mis necesidades, me sentía ansiosa, atrapada tratando de resolverlo todo por mí misma. Era como un hámster corriendo con furia sobre una rueda sin ir a ningún lugar.

Con todo, por lo menos la ansiedad fue buena para algo. Resultó ser una alarma que me dijo que estaba yendo en la dirección equivocada. Necesitaba volver a centrarme en Dios. En vez de pensar en todas las cosas que no podía hacer, tenía que pensar en todo lo que Dios era capaz de realizar. En vez de pensar en mi culpabilidad, tenía que pensar en su perdón. En vez de pensar en mil una maneras de resolver mis problemas, tenía que pensar en las incontables maneras en que Dios ya me había ayudado en el pasado. Y tenía que seguir leyendo las Escrituras, las que hablan del propósito de Dios de bendecir y proveer.

Él enviará la lluvia oportuna sobre su tierra, en otoño y en primavera, para que obtengan el trigo, el vino y el aceite (Deuteronomio 11:14).

Yo hago brotar agua en el desierto, ríos en lugares desolados, para dar de beber a mi pueblo escogido (Isaías 43:20).

No se preocupen por su vida, qué comerán; ni por su cuerpo, con qué se vestirán. La vida tiene más valor que la comida, y el cuerpo más que la ropa [...] Fíjense cómo crecen los lirios. No trabajan ni hilan; sin embargo, les digo que ni siquiera Salomón, con todo su esplendor, se vestía como uno de ellos. Si así viste Dios a la hierba que hoy está en el campo y mañana es arrojada al horno, ¡cuánto más hará por ustedes, gente de poca fe! (Lucas 12:22-23, 27-28).

Al poco tiempo, comenzaron a suceder cosas. Primero, analicé con seriedad mis metas. ¿Qué deseaba para mi familia? ¿Qué tipo de plan financiero pudiera ayudarnos a llegar allá? Mis hijas necesitaban ir a la universidad, pero yo no quería tener que trabajar hasta los noventa años para poder pagarla. ¿Qué cambios debían producirse en mis hábitos de gastos? ¿Había alguna otra cosa en mi actitud hacia el dinero que necesitaba cambiar? ¿Qué podía hacer a fin de apartar más dinero para la obra de Dios? Estas son preguntas importantes que mis circunstancias me forzaron a hacerme una y otra vez.

Entonces, dos días después que dejé de buscarlo, encontré el archivo con los permisos. Luego descubrí que mi situación financiera era más positiva de lo que había pensado. Cierta información importante había quedado fuera de un reporte que pidiera hacía poco tiempo. Mis preocupaciones no se habían desvanecido, pero sí se aliviaron en gran manera.

Más tarde mi contador cuestionó una práctica de impuestos en mi ciudad y recibí la noticia de una inesperada devolución de dinero por varios años de pagos excesivos.

Luego, Kathy, la niñera de mis hijas, y yo hablamos sobre una manera de reestructurar su trabajo de forma tal que pudiera seguir involucrada en nuestras vidas.

El proceso de aprender a ver a Dios como mi proveedor continúa. Me estoy apoyando más en él, apartándome menos de él. Espero que me cuide aun cuando tropiezo, incluso cuando no comprendo a plenitud o no quiero enfrentar la naturaleza de mis necesidades, como la necesidad de arrepentimiento, corrección y confianza. Me doy cuenta de que la provisión que Dios ha prometido tiene mi obediencia como condición. No obstante, sé también que antes de creer en él, Jesús proveyó para la más grande de las necesidades: un camino de regreso al Padre que me ama. Y él sigue proveyendo un camino de regreso, aun cuando me veo tentada a tener ideas tontas e infantiles sobre él.

EN LA MAÑANA

No te abandonaré

El SEÑOR afirma los pasos del hombre
cuando le agrada su modo de vivir;
podrá tropezar, pero no caerá,
porque el SEÑOR lo sostiene de la mano.
He sido joven y ahora soy viejo,
pero nunca he visto justos en la miseria,
ni que sus hijos mendiguen pan.
Prestan siempre con generosidad;
sus hijos son una bendición.
Apártate del mal y haz el bien,
y siempre tendrás dónde vivir.
Porque el SEÑOR ama la justicia
y no abandona a quienes le son fieles.

Padre, he tropezado; muchas veces. Y todas esas veces has evitado que yo caiga. Gracias por tu fidelidad. Ayúdame a alabarte, al vivir una vida en la que te puedas deleitar.

Salmo 37:23-28

EN LA NOCHE

Abriré las compuertas del cielo

Traigan íntegro el diezmo para los fondos del templo, y así habrá alimento en mi casa. Pruébenme en esto —dice el Señor Todopoderoso—, y vean si no abro las compuertas del cielo y derramo sobre ustedes bendición hasta que sobreabunde. Exterminaré a la langosta, para que no arruine sus cultivos y las vides en los campos no pierdan su fruto —dice el Señor Todopoderoso—. Entonces todas las naciones los llamarán a ustedes dichosos, porque ustedes tendrán una nación encantadora —dice el Señor Todopoderoso—.

❧

Señor, quiero tomarte la palabra, probar tu generosidad al darles con gozo a otros. Abre las compuertas del cielo y las puertas de mi corazón. Ayúdame a dar y volver a dar como una forma de celebrar tu provisión para mí.

Malaquías 3:10–12

Lunes

EN LA MAÑANA

Mis arroyos se llenan de agua

Con tus cuidados fecundas la tierra,
y la colmas de abundancia.
Los arroyos de Dios se llenan de agua,
para asegurarle trigo al pueblo.
¡Así preparas el campo!
Empapas los surcos, nivelas sus terrones,
reblandeces la tierra con las lluvias
y bendices sus renuevos.
Tú coronas el año con tus bondades,
y tus carretas se desbordan de abundancia.
Rebosan los prados del desierto;
las colinas se visten de alegría.
Pobladas de rebaños las praderas,
y cubiertos los valles de trigales,
cantan y lanzan voces de alegría.

Señor, has hecho un mundo de abundancia, capaz de producir alimento, agua y refugio para todos en el planeta. Perdónanos por acaparar sus frutos y ser negligentes en su cuidado. Ayúdanos a aprender una de las primeras lecciones de la infancia:; compartir lo que tenemos. Que seamos sabios mayordomos, teniendo cuidado de la tierra de modo que ella tenga cuidado de nosotros.

Salmo 65:9-13

EN LA NOCHE

Te bendeciré dondequiera que vayas

Si realmente escuchas al Señor tu Dios, y cumples fielmente todos estos mandamientos que hoy te ordeno, el Señor tu Dios te pondrá por encima de todas las naciones de la tierra. Si obedeces al Señor tu Dios, todas estas bendiciones vendrán sobre ti y te acompañarán siempre:

Bendito serás en la ciudad, y bendito en el campo.

Benditos serán el fruto de tu vientre, tus cosechas, las crías de tu ganado, los terneritos de tus manadas y los corderitos de tus rebaños.

Benditas serán tu canasta y tu mesa de amasar.

Bendito serás en el hogar, y bendito en el camino.

El Señor te concederá la victoria sobre tus enemigos. Avanzarán contra ti en perfecta formación, pero huirán en desbandada.

El Señor bendecirá tus graneros, y todo el trabajo de tus manos.

El Señor tu Dios te bendecirá en la tierra que te ha dado.

Señor, ayúdame a aprender de la historia de tu pueblo. Que la obediencia sea el poderoso fundamento sobre el cual crezca mi confianza. Bendíceme en la ciudad y en el campo. Bendice mis hijos y mi trabajo. Bendíceme al entrar y al salir. Que tus bendiciones me acompañen dondequiera que vaya.

Deuteronomio 28:1-8

Martes

EN LA MAÑANA

Te pondré en la cima, no en el fondo

Que Dios te conceda el rocío del cielo;
que de la riqueza de la tierra
te dé trigo y vino en abundancia.

El SEÑOR abrirá los cielos, su generoso tesoro, para derramar a su debido tiempo la lluvia sobre la tierra, y para bendecir todo el trabajo de tus manos. Tú les prestarás a muchas naciones, pero no tomarás prestado de nadie. El SEÑOR te pondrá a la cabeza, nunca en la cola. Siempre estarás en la cima, nunca en el fondo, con tal de que prestes atención a los mandamientos del SEÑOR tu Dios que hoy te mando, y los obedezcas con cuidado. Jamás te apartes de ninguna de las palabras que hoy te ordeno, para seguir y servir a otros dioses.

Padre, ayúdame a apreciar la bondad de tus mandamientos. Haz que obedezca rápido y a plenitud, no con vacilación y de forma parcial. Dame la fe para seguir sin importar lo que pidas. Abre mis ojos a tu fiel provisión.

Génesis 27:28; Deuteronomio 28:12-14

EN LA NOCHE

Estoy al tanto de tus momentos difíciles

Yo les compensaré a ustedes por los años en que todo lo devoró ese gran ejército de langostas que envié contra ustedes: las grandes, las pequeñas, las larvas y las orugas.
Ustedes comerán en abundancia, hasta saciarse, y alabarán el nombre del SEÑOR su Dios, que hará maravillas por ustedes.

Bendeciré con creces sus provisiones,
y saciaré de pan a sus pobres.

Señor, ya has hecho maravillas para mí. Has visto la pobreza de mi alma y me has llenado con tu presencia. Has tenido en cuenta mi hambre y me has dado un lugar en tu mesa. Has bendecido mi familia y cuidado de mis hijos. No me has abandonado, incluso en los momentos difíciles. ¡Alabo tu nombre, oh Dios fiel!

Joel 2:25-26; Salmo 132:15

Miércoles

EN LA MAÑANA

Serás como un árbol bien regado

La bendición del Señor trae riquezas,
y nada se gana con preocuparse.

Dichoso el hombre
que no sigue el consejo de los malvados,
ni se detiene en la senda de los pecadores
ni cultiva la amistad de los blasfemos,
sino que en la ley del Señor se deleita,
y día y noche medita en ella.
Es como el árbol
plantado a la orilla de un río
que, cuando llega su tiempo, da fruto
y sus hojas jamás se marchitan.
¡Todo cuanto hace prospera!

Señor, permíteme ser como un árbol plantado junto a las corrientes de aguas, cuyas raíces crecen y se profundizan en ti. Sin importar cuán árido sea el ambiente a mi alrededor, nútreme con el agua viva de tu Espíritu y tu Palabra. Que mi vida produzca fruto a su tiempo.

Proverbios 10:22; Salmo 1:1-3

EN LA NOCHE

Yo soy tu provisión

Isaac le dijo a Abraham:

—¡Padre!

—Dime, hijo mío.

—Aquí tenemos el fuego y la leña —continuó Isaac—; pero, ¿dónde está el cordero para el holocausto?

—El cordero, hijo mío, lo proveerá Dios —le respondió Abraham.

Y siguieron caminando juntos […]

Abraham alzó la vista y, en un matorral, vio un carnero enredado por los cuernos. Fue entonces, tomó el carnero y lo ofreció como holocausto, en lugar de su hijo. A ese sitio Abraham le puso por nombre: «El Señor provee». Por eso hasta el día de hoy se dice: «En un monte provee el Señor».

Al día siguiente Juan vio a Jesús que se acercaba a él, y dijo: «¡Aquí tienen al Cordero de Dios, que quita el pecado del mundo!».

☙❧

Señor Jesús, más que todas las riquezas, necesito la gracia que fluye de tu ofrecimiento sacrificial en la cruz. Gracias por ser la provisión del Padre para que alcance la plenitud.

Génesis 22:7-14; Juan 1:29

Jueves

EN LA MAÑANA

Proveo para todo el que está afligido

El Espíritu del Señor omnipotente está sobre mí,
por cuanto me ha ungido
para anunciar buenas nuevas a los pobres.
Me ha enviado a sanar los corazones heridos,
a proclamar liberación a los cautivos
y libertad a los prisioneros,
a pregonar el año del favor del Señor
y el día de la venganza de nuestro Dios,
a consolar a todos los que están de duelo,
y a confortar a los dolientes de Sión.
Me ha enviado a darles una corona
en vez de cenizas,
aceite de alegría
en vez de luto,
traje de fiesta
en vez de espíritu de desaliento.
Serán llamados robles de justicia,
plantío del Señor, para mostrar su gloria.

Jesús, viniste a mi vida como la buena noticia más grande que alguien pudiera imaginar, sanando mi dolor y dándome un futuro lleno de esperanza. Me llenas de cosas buenas todos los días de mi vida. Que viva para alabarte, mostrar tu esplendor y proclamar tu alabanza.

Isaías 61:1-3

EN LA NOCHE

Voy a proveer una salida

Bien saben que el Señor su Dios los ha bendecido en todo lo que han emprendido, y los ha cuidado por todo este inmenso desierto. Durante estos cuarenta años, el Señor su Dios ha estado con ustedes y no les ha faltado nada.

Por lo tanto, si alguien piensa que está firme, tenga cuidado de no caer. Ustedes no han sufrido ninguna tentación que no sea común al género humano. Pero Dios es fiel, y no permitirá que ustedes sean tentados más allá de lo que puedan aguantar. Más bien, cuando llegue la tentación, él les dará también una salida a fin de que puedan resistir.

✦❧✦

Señor, tú sabes que a veces la vida puede ser como un desierto: peligrosa, difícil y solitaria. Y tú sabes cuán desalentada he estado a veces. Perdona mis quejas y ayúdame a recordar que no hay ningún momento en que tu gracia sea insuficiente para mi necesidad.

Deuteronomio 2:7; 1 Corintios 10:12-13

Viernes

EN LA MAÑANA

Sé lo que necesitas

¿Quién de ustedes, por mucho que se preocupe, puede añadir una sola hora al curso de su vida? Ya que no pueden hacer algo tan insignificante, ¿por qué se preocupan por lo demás?

Fíjense cómo crecen los lirios. No trabajan ni hilan; sin embargo, les digo que ni siquiera Salomón, con todo su esplendor, se vestía como uno de ellos. Si así viste Dios a la hierba que hoy está en el campo y mañana es arrojada al horno, ¡cuánto más hará por ustedes, gente de poca fe! Así que no se afanen por lo que han de comer o beber; dejen de atormentarse. El mundo pagano anda tras todas estas cosas, pero el Padre sabe que ustedes las necesitan. Ustedes, por el contrario, busquen el reino de Dios, y estas cosas les serán añadidas.

※

Señor, necesito relajarme, y descansar, dejar de correr tan fuerte detrás de las cosas de este mundo. Abre mis ojos a las maneras en que estás proveyendo para mí en este momento. Dame la libertad de corazón para entregarme por completo a ti.

Lucas 12:25-31

EN LA NOCHE

No permitas que el miedo te detenga

No tengan miedo, mi rebaño pequeño, porque es la buena voluntad del Padre darles el reino. Vendan sus bienes y den a los pobres. Provéanse de bolsas que no se desgasten; acumulen un tesoro inagotable en el cielo, donde no hay ladrón que aceche ni polilla que destruya. Pues donde tengan ustedes su tesoro, allí estará también su corazón.

El que es generoso será bendecido,
pues comparte su comida con los pobres.

Señor, incrementa mi apetito por dar. Que nada me persuada a retener lo que tú quieres para otros. Que abra mis manos con liberalidad, sin temor, confiada en que tú eres más que capaz de proveer para mí al yo proveer para los demás.

Lucas 12:32-34; Proverbios 22:9

EN LA MAÑANA

Si tú pides, te daré

Pidan, y se les dará; busquen, y encontrarán; llamen, y se les abrirá. Porque todo el que pide, recibe; el que busca, encuentra; y al que llama, se le abre.

¿Quién de ustedes, si su hijo le pide pan, le da una piedra? ¿O si le pide un pescado, le da una serpiente? Pues si ustedes, aun siendo malos, saben dar cosas buenas a sus hijos, ¡cuánto más su Padre que está en el cielo dará cosas buenas a los que le pidan!

***

Señor, he pedido, y tú me has dado. He llamado, y la puerta se ha abierto. Ni una vez me has dado una piedra cuando te he pedido pan. Que el recuerdo de tu fidelidad me anime a seguir pidiendo, buscando y llamando, confiando en tu deseo de bendecirme y cuidarme.

Mateo 7:7-11

EN LA NOCHE

Pon tu esperanza en mí

A los ricos de este mundo, mándales que no sean arrogantes ni pongan su esperanza en las riquezas, que son tan inseguras, sino en Dios, que nos provee de todo en abundancia para que lo disfrutemos. Mándales que hagan el bien, que sean ricos en buenas obras, y generosos, dispuestos a compartir lo que tienen. De este modo atesorarán para sí un seguro caudal para el futuro y obtendrán la vida verdadera.

Den, y se les dará: se les echará en el regazo una medida llena, apretada, sacudida y desbordante.

Padre, ayúdame a pesar y valorar las cosas de la manera en que tú lo haces. No permitas que lo llamativo de este mundo me impida ver la belleza de tu reino. Ayúdame a reflejar tu abundante bondad al dar con un corazón lleno a los demás.

1 Timoteo 6:17-19; Lucas 6:38

RECORDARÉ ESTO

Pidan, y se les dará; busquen, y encontrarán;
llamen, y se les abrirá.

....

Den, y se les dará: se les echará en el regazo una
medida llena, apretada, sacudida y desbordante.

....

¿Quién de ustedes, por mucho que se preocupe,
puede añadir una sola hora al curso de su vida? Ya
que no pueden hacer algo tan insignificante, ¿por
qué se preocupan por lo demás?

....

Durante el tiempo en que estuve preocupada con mis
múltiples problemas, vi en la televisión cómo el sufrimiento
se había adueñado de los rostros de unos jóvenes huérfanos
africanos con familias diezmadas por el SIDA, leí la historia
de tres cristianos asesinados de forma brutal por extremis-
tas islámicos, y escuché hablar a una trabajadora social de
una escuela sobre las terribles dificultades que enfrentaba
un niño que ella atendía. Mis problemas se encogieron y
parecía avergonzarme ante su insignificancia. Comprendí
que millones de personas que sufren alrededor del mundo
cambiarían gustosas de lugar conmigo si tuvieran la oportunidad. Hasta se me ocurrió que celebrarían poder tener la

Mateo 7:7; Lucas 6:38; Lucas 12:25-26

clase de problemas que enfrenta un estadounidense de clase media como yo.

Sentí a Cristo dándome un codazo para que expandiera el círculo de mis preocupaciones de modo que pudiera convertirme en parte de su respuesta a las oraciones de otros. Él quería recordarme que sus bendiciones no son solo para mí, sino también para los demás. Que no debía sostener tan fuerte sus dones de manera que pudiera ser parte de su respuesta a las oraciones de otras personas.

La semana pasada crucé en mi auto frente a otra iglesia con otro cartel. En este se leía: «Donde Dios guía, él provee». Esto es cierto, pero de seguro que la más grande provisión de Dios es su misericordia… y yo había experimentado mucho de ella.

Mientras leía y oraba acerca de la provisión de Dios, me sentí como muchas hojas de té remojadas en un jarro, como si el Espíritu de Dios estuviera obrando, preparando una rica infusión cuyas propiedades curativas estuvieran remodelando mis conceptos distorsionados, incrementando mi gratitud y dándome la fe para saber que Dios cuida de mí sin importar las apariencias. Cuando pienso que necesito más dinero y Dios piensa que tengo lo suficiente. Cuando pido una mejor salud y Dios permite que me falte. Cuando mis hijas tienen un problema y no sé cómo ayudarlas. Cuando estas cosas pasan, oro por la gracia de no acusar a Dios de olvido y descuido, sino de traer a mi mente su fidelidad, aguardando con paciencia su ayuda.

9
Dios habla palabras de dirección

....

נָהַל

NAHAL

Las Escrituras hebreas hablan de Dios como de un pastor que lleva a las ovejas en sus brazos y conduce (*nahal*) con mucho cuidado a las paridas. Éxodo nos muestra a Dios como aquel que en su incondicional amor conduce al pueblo que ha rescatado y lo guía (*nahal*) con su fortaleza. Aunque la Biblia advierte de serpientes, trampas y caminos traicioneros, constantemente muestra a Dios como el que aconseja y guía con seguridad a todos aquellos que le pertenecen.

En el Nuevo Testamento, la palabra griega *hodos* hace referencia a un camino, senda, ruta, calle o vía, como en la afirmación de Mateo 7:13-14: «Entren por la puerta estrecha. Porque es ancha la puerta y espacioso el *camino* que conduce a la destrucción, y muchos entran por ella. Pero estrecha es la puerta y angosto el *camino* que conduce a la vida, y son pocos los que la encuentran». Jesús declara no solo que conoce el camino sino que él es el camino.

PERMITIENDO QUE LA PALABRA ME TRANSFORME
....

Hace un par de años viajé con unos amigos a Grecia. Uno de los días más extraños y más memorables de nuestro viaje estuvo relacionado con el ascenso a las ruinas de la antigua Delfos, en las laderas del monte Parnaso. Según la leyenda, cuando Zeus soltó dos águilas desde los dos extremos de la tierra, ellas volaron alrededor del mundo hasta que se encontraron en su justo centro, Delfos.

Aunque fue establecida en los tiempos prehistóricos, la mayor parte de las ruinas de Delfos se remontan al siglo sexto a. C. Aquí, en el ombligo del mundo, se dice que el dios griego Apolo mató a una gran serpiente del inframundo, Pitón. Quiso la suerte que el cuerpo de la serpiente cayera en una fisura en la tierra y comenzara a corromperse, despidiendo gases por todo el mundo. La sacerdotisa, o profetisa, llamada Pitia, era una anciana de buena reputación que se colocó sobre la abertura permitiendo que el vapor la envolviera. Intoxicada por los vapores, pronunciaría luego profecías secretas a aquellos que emprendían la ardua travesía hasta Delfos para darle un vistazo al futuro. A fin de añadir dramatismo, esta mujer desaparecía luego como por arte de magia. Una inspección cercana a las ruinas muestra cómo manejaba el truco, revelando un pequeño túnel por el cual una persona mediana podría escapar de la ingenua multitud.

Con todo lo extravagante que parezca esta antigua práctica, nos ilustra cuán desesperados han estado los seres humanos a través de las edades por algún tipo de dirección divina. Recuerdo una oportunidad en mi vida en la que estaba buscando de forma desesperada dirección para una decisión importante. Aunque nunca me sentí tentada a volverme a la adivinación, sí recuerdo desear que Dios hiciera tan evidente su respuesta que no hubiera la más mínima posibilidad de no verla. Si tan solo la escribiera en el cielo con letras grandes y gruesas: ¡ANN HAZ ESTO! Sin embargo, Dios fue más sutil, en realidad tan sutil que no comprendí hasta años después que lo que más importaba no era lo que estaba escrito en el cielo, sino lo que estaba escrito en mi propio corazón.

En *The Will of God as a Way of Life* [La voluntad de Dios como un estilo de vida], Jerry Sittser examina el método convencional de descubrir la voluntad de Dios. Según este método, cada persona en el mundo tiene un camino específico que seguir, un camino que solo Dios conoce. Al igual que un héroe griego, debemos a cada momento descubrir el único camino seguro delante de nosotros. Después de años de seguir este método, Sittser comenzó a percibir sus defectos. Por un lado, provoca tremenda ansiedad. Cometes un error y pierdes tu destino diseñado por Dios. Por otro, hace demasiado énfasis en las grandes decisiones en detrimento de las decisiones pequeñas y formadoras del carácter que tomamos cada día, muchas de las cuales tienen una influencia mucho más profunda en la formación de nuestras vidas (como la manera en que tratamos a nuestros cónyuges o hijos). Además, este método asume que Dios, quien ya parece tener bastantes dificultades tratando de persuadirnos para que hagamos su voluntad, quisiera hacer las cosas todavía más difíciles al esconder esa voluntad de nosotros[8].

Recordé ese tiempo en mi vida en el que estuve tan ansiosa buscando la dirección de Dios. Si Dios se hubiera sentido tentado a escribir algo en el cielo en aquel entonces, hubiera sido: ¡ANN, RELÁJATE! Desde entonces, he tenido que hacerlo, al menos cuando se trata de buscar la dirección de Dios. La razón para mi método más sosegado es estrictamente experimental. He visto que cuando he tratado de hacer la voluntad de Dios, con mi imperfección, él me ha guiado, no solo una, sino vez tras vez. Ahora, mientras leo con detenimiento palabras acerca de la dirección en las Escrituras, ellas resuenan no solo en mi mente, sino en mi corazón, porque las he experimentado:

Yo mismo iré contigo y te daré descanso
(Éxodo 33:14).

*Por tu gran amor guías al pueblo que has
rescatado* (Éxodo 15:13).

*Ante ellos convertiré en luz las tinieblas, y allanaré
los lugares escabrosos* (Isaías 42:16).

Otra razón para mi método más sosegado es que creo que
así puedo escuchar a Dios con más claridad que antes. Tal vez
esa sea la forma en que debe ser. En vez de menguar, como
ocurre con nuestros sentidos físicos con el tiempo, nuestros
sentidos espirituales deben volverse más agudos mientras más
conocemos a Dios. Al pensar en esto, comienzo a preguntarme si nuestra habilidad para escuchar la voz de Dios funciona
algunas veces como la espuma viscoelástica. Como el calor
de nuestros cuerpos le da forma a la espuma viscoelástica, la
obediencia le da forma a nuestro corazón para que estemos
más dispuestos a recibir impresiones de parte de Dios.

Decir que estoy más sosegada no implica que no haya cometido errores o que no lo haré en el futuro. Sin embargo,
confío en que ninguno de ellos será fatal, ninguno me desviará
por completo del camino que Dios quiere para mí. No obstante, la dirección no es en verdad lo más difícil, como señala Jerry Sittser, ya que «si detectamos alguna agonía en los héroes
de las Escrituras, no es al descubrir la voluntad de Dios, sino
al hacerla»[9]. Él continúa diciendo:

La voluntad de Dios tiene que ver más con el presente que con el futuro […] El único tiempo en el que en realidad tenemos que conocer y hacer la voluntad de Dios es el *tiempo presente*. Debemos amar a Dios con el corazón, el alma, la mente y nuestras fuerzas, y debemos amar a nuestro prójimo como nos amamos a nosotros mismos […]
Esta perspectiva de la voluntad de Dios nos da una asombrosa libertad. Si buscamos primero el reino de Dios y su justicia, lo cual *es* la voluntad de Dios para nuestra vida, entonces *cualquier decisión que tomemos con relación al futuro se convertirá en la voluntad de Dios para nuestra vida*. Existen muchas sendas que *pudiéramos* seguir, muchas opciones que *pudiéramos* buscar. Mientras estemos buscando a Dios, todas ellas pueden ser la voluntad de Dios para nuestra vida, aunque en realidad solo una —el camino que escogemos— se convierte en su voluntad[10].

Así que hoy, cuando enfrento un millón de pequeñas decisiones, oro por la gracia para recordar cuán sencillo es todo en verdad. Sencillo, pero no fácil. Porque el camino que tengo por delante se hará más claro según practique los dos grandes mandamientos: amar a Dios con mi corazón, mi mente y mis fuerzas, y amar a mi prójimo como a mí misma.

Domingo

EN LA MAÑANA

Iré contigo

Moisés le dijo al SEÑOR:

—Tú insistes en que yo debo guiar a este pueblo, pero no me has dicho a quién enviarás conmigo. También me has dicho que soy tu amigo y que cuento con tu favor. Pues si realmente es así, dime qué quieres que haga. Así sabré que en verdad cuento con tu favor. Ten presente que los israelitas son tu pueblo.

—Yo mismo iré contigo y te daré descanso —respondió el SEÑOR.

—O vas con todos nosotros —replicó Moisés—, o mejor no nos hagas salir de aquí. Si no vienes con nosotros, ¿cómo vamos a saber, tu pueblo y yo, que contamos con tu favor? ¿En qué seríamos diferentes de los demás pueblos de la tierra?

—Está bien, haré lo que me pides —le dijo el SEÑOR a Moisés—, pues cuentas con mi favor y te considero mi amigo.

✦

Señor, ningún camino es bueno sin tu presencia. En cada decisión, en cada encrucijada, ayúdame a seguir según tu dirección. No permitas que corra adelante, me quede atrás o ande errante, y hazme saber cuán cerca estás de mí.

Éxodo 33:12-17

EN LA NOCHE

Voy a hacer una senda

Entonces el ángel de Dios, que marchaba al frente del ejército israelita, se dio vuelta y fue a situarse detrás de éste. Lo mismo sucedió con la columna de nube, que dejó su puesto de vanguardia y se desplazó hacia la retaguardia, quedando entre los egipcios y los israelitas. Durante toda la noche, la nube fue oscuridad para unos y luz para otros, así que en toda esa noche no pudieron acercarse los unos a los otros.

Moisés extendió su brazo sobre el mar, y toda la noche el Señor envió sobre el mar un recio viento del este que lo hizo retroceder, convirtiéndolo en tierra seca. Las aguas del mar se dividieron, y los israelitas lo cruzaron sobre tierra seca. El mar era para ellos una muralla de agua a la derecha y otra a la izquierda.

❦

Señor, gracias por guiarme a través de terrenos difíciles en diferentes momentos de mi vida, abriendo un camino cuando todas las sendas parecen estar cerradas. Me maravillo de quién eres, el todopoderoso Dios que es capaz de confundir los planes de los que se le oponen y alumbrar el camino de los que le aman. Te amo, Señor.

Éxodo 14:19-22

Lunes

EN LA MAÑANA

Mi Espíritu te guiará

Tú no los abandonaste en el desierto porque eres muy compasivo. Jamás se apartó de ellos la columna de nube que los guiaba de día por el camino; ni dejó de alumbrarlos la columna de fuego que de noche les mostraba por dónde ir. Con tu buen Espíritu les diste entendimiento. No les quitaste tu maná de la boca; les diste agua para calmar su sed. Cuarenta años los sustentaste en el desierto. ¡Nada les faltó! No se desgastaron sus vestidos ni se les hincharon los pies.

Por tu gran amor guías al pueblo que has rescatado;
por tu fuerza los llevas a tu santa morada.

Padre, ayúdame a recordar que no estoy sola en este viaje. Permite que pueda buscar la dirección de tu buen Espíritu, creyendo que no me negarás las cosas que necesito, aun cuando la vida parezca un desierto. Ayúdame a descansar en tu amor y confiar en tu misericordia.

Nehemías 9:19-21; Éxodo 15:13

EN LA NOCHE

No dejaré que pierdas el camino

Conduciré a los ciegos por caminos desconocidos,
los guiaré por senderos inexplorados;
ante ellos convertiré en luz las tinieblas,
y allanaré los lugares escabrosos.
Esto haré, y no los abandonaré.

No tendrán hambre ni sed,
no los abatirá el sol ni el calor,
porque los guiará quien les tiene compasión,
y los conducirá junto a manantiales de agua.
Convertiré en caminos todas mis montañas,
y construiré mis calzadas.

✦❧✦

*Señor, lo que importa no es cuán bien yo vea, sino cuán bien
ves tú. Ayúdame a confiar en tu visión en todo el camino que
tengo por delante. Y mientras lo andamos juntos, suaviza mi
senda, no para que todo sea fácil, sino para que todo sea
posible.*

Isaías 42:16; Isaías 49:10–11

Martes

EN LA MAÑANA

Te conduciré por un camino seguro

Cuando el faraón dejó salir a los israelitas, Dios no los llevó por el camino que atraviesa la tierra de los filisteos, que era el más corto, pues pensó: «Si se les presentara batalla, podrían cambiar de idea y regresar a Egipto». Por eso les hizo dar un rodeo por el camino del desierto, en dirección al Mar Rojo. Los israelitas salieron de Egipto en formación de combate.

Me has despejado el camino; por eso mis tobillos
no flaquean.

Señor, es fácil orar cuando sé a dónde voy, cuando pienso que tienes que estar a mi lado y bendecir mis planes. Perdóname. Hoy voy a orar por la gracia para desear que me guíes. Cuando el camino delante de mí parezca escabroso, largo o muy lento, ayúdame a confiar en que tú sabes hacia dónde voy... y por qué.

Éxodo 13:17-18; 2 Samuel 22:37

EN LA NOCHE

Te guiaré siempre

El Señor te guiará siempre.

¿A dónde podría alejarme de tu Espíritu?
¿A dónde podría huir de tu presencia?
Si subiera al cielo,
allí estás tú;
si tendiera mi lecho en el fondo del abismo,
también estás allí.
Si me elevara sobre las alas del alba,
o me estableciera en los extremos del mar,
aun allí tu mano me guiaría,
¡me sostendría tu mano derecha!

🌿

Padre, gracias por tu promesa de que aun en la oscuridad no me dejarás sola, sin dirección. En lugar de entrar en pánico o continuar a ciegas cuando me siento perpleja o confusa, insegura del camino que tengo por delante, ayúdame a escuchar y esperar con paciencia tu dirección.

Isaías 58:11; Salmo 139:7-10

EN LA MAÑANA

Te conduciré a una buena tierra

La senda del justo es llana;
tú, que eres recto, allanas su camino.
Sí, en ti esperamos, SEÑOR,
y en la senda de tus juicios;
tu nombre y tu memoria
son el deseo de nuestra vida.

Cumple los mandamientos del SEÑOR tu Dios; témelo y sigue sus caminos. Porque el SEÑOR tu Dios te conduce a una tierra buena: tierra de arroyos y de fuentes de agua, con manantiales que fluyen en los valles y en las colinas; tierra de trigo y de cebada; de viñas, higueras y granados; de miel y de olivares; tierra donde no escaseará el pan y donde nada te faltará.

Padre, ayúdame a hallar placer en agradarte. Cambia mi reacia obediencia por una resuelta y fuerte. Dame gozo mientras me conduces a la buena tierra que has prometido.

Isaías 26:7-8; Deuteronomio 8:6-9

EN LA NOCHE

Te aconsejaré

Yo te instruiré,
yo te mostraré el camino que debes seguir;
yo te daré consejos y velaré por ti.
No seas como el mulo o el caballo,
que no tienen discernimiento,
y cuyo brío hay que domar con brida y freno,
para acercarlos a ti.
Muchas son las calamidades de los malvados,
pero el gran amor del SEÑOR
envuelve a los que en él confían.

El SEÑOR afirma los pasos del hombre
cuando le agrada su modo de vivir;
podrá tropezar, pero no caerá,
porque el SEÑOR lo sostiene de la mano.

❧

Señor, ayúdame a creer que tu mirada amorosa está sobre mí. Líbrame del temor de que tu camino sea muy difícil. Hazme menos obstinada y más moldeable, confiando en que tus sendas son buenas.

Salmo 32:8-10; Salmo 37:23-24

EN LA MAÑANA

Te guiaré a toda verdad

La senda de los justos se asemeja
a los primeros albores de la aurora:
su esplendor va en aumento
hasta que el día alcanza su plenitud.

Muchas cosas me quedan aún por decirles, que por ahora no podrían soportar. Pero cuando venga el Espíritu de la verdad, él los guiará a toda la verdad, porque no hablará por su propia cuenta sino que dirá sólo lo que oiga y les anunciará las cosas por venir. Él me glorificará porque tomará de lo mío y se lo dará a conocer a ustedes. Todo cuanto tiene el Padre es mío. Por eso les dije que el Espíritu tomará de lo mío y se lo dará a conocer a ustedes.

❦

Señor, tú eres la luz del mundo, el ser reluciente cuya gloria quiero reflejar. Que tu verdad me guíe y me dirija. Envía tu Espíritu para que pueda conocer tus caminos.

Proverbios 4:18; Juan 16:12-15

EN LA NOCHE

Mis mandamientos serán luz a tu camino

Hijo mío, obedece el mandamiento de tu padre
y no abandones la enseñanza de tu madre.
Grábatelos en el corazón;
cuélgatelos al cuello.
Cuando camines, te servirán de guía;
cuando duermas, vigilarán tu sueño;
cuando despiertes, hablarán contigo.
El mandamiento es una lámpara,
la enseñanza es una luz
y la disciplina es el camino a la vida.

Señor, ayúdame a pensar en tus mandamientos no como una carga, sino como un rayo de luz, iluminando el camino por delante. Que me guíen a dondequiera que vaya.

Proverbios 6:20-23

Viernes

EN LA MAÑANA

Tengo el entendimiento que necesitas

Así dice el Señor:
«Deténganse en los caminos y miren;
pregunten por los senderos antiguos.
Pregunten por el buen camino,
y no se aparten de él.
Así hallarán el descanso anhelado».

Míos son el consejo y el buen juicio;
míos son el entendimiento y el poder […]
A los que me aman, les correspondo;
a los que me buscan, me doy a conocer.

❦

Señor, tú sí entiendes todas las cosas. Tú sabes lo que ha sucedido, lo que sucede y lo que sucederá. Tú me conoces. Guíame hoy con tu consejo. Enséñame a tomar cada decisión con la ayuda de tu Espíritu.

Jeremías 6:16; Proverbios 8:14, 17

EN LA NOCHE

Yo soy el camino

—Yo soy el camino, la verdad y la vida —le contestó Jesús—. Nadie llega al Padre sino por mí. Si ustedes realmente me conocieran, conocerían también a mi Padre. Y ya desde este momento lo conocen y lo han visto.

Yo soy la vid y ustedes son las ramas. El que permanece en mí, como yo en él, dará mucho fruto; separados de mí no pueden ustedes hacer nada […] Si permanecen en mí y mis palabras permanecen en ustedes, pidan lo que quieran, y se les concederá. Mi Padre es glorificado cuando ustedes dan mucho fruto y muestran así que son mis discípulos.

Señor, el camino por delante no es siempre tan complicado como yo lo hago, porque tú eres el camino. Mientras permanezca conectada a ti, voy a cumplir tu propósito en mi vida. Ayúdame, Señor, a permanecer en ti.

Juan 14:6-7; Juan 15:5-8

EN LA MAÑANA

Seré tu guía hasta el fin

Examíname, oh Dios, y sondea mi corazón;
ponme a prueba y sondea mis pensamientos.
Fíjate si voy por mal camino,
y guíame por el camino eterno.

¡Este Dios es nuestro Dios eterno!
¡Él nos guiará para siempre!

❦

Padre, gracias por tu promesa de estar conmigo hasta el fin, hasta el último día, el último momento, el último aliento. Sabiendo esto, permite que el miedo se desvanezca y se fortalezca la esperanza. Porque tú eres mi Dios por siempre, y serás mi guía hasta el fin.

Salmo 139:23-24; Salmo 48:14

EN LA NOCHE

Te llevaré a casa

Pero yo siempre estoy contigo,
pues tú me sostienes de la mano derecha.
Me guías con tu consejo,
y más tarde me acogerás en gloria.
¿A quién tengo en el cielo sino a ti?
Si estoy contigo, ya nada quiero en la tierra.
Podrán desfallecer mi cuerpo y mi espíritu,
pero Dios fortalece mi corazón;
él es mi herencia eterna.

Señor, tú conoces mejor que yo lo débil que soy; lo propensa que soy a caer. Con todo, me sostienes en los largos años y los días difíciles, en las alegrías y celebraciones, en las decisiones y oportunidades. En mi debilidad tú me fortaleces, llevándome a casa, guiándome con tu consejo, manteniéndome a salvo.

Salmo 73:23-26

RECORDARÉ ESTO

—Yo mismo iré contigo y te daré descanso —
respondió el SEÑOR.

....

Por tu gran amor guías al pueblo que has rescatado.

....

El SEÑOR te guiará siempre.

....

Deténganse en los caminos y miren; pregunten por los
senderos antiguos. Pregunten por el buen camino, y no se
aparten de él. Así hallarán el descanso anhelado.

Muchas de las grandes historias de la Biblia tienen que ver
con movimiento y viajes. Dios expulsa a Adán y Eva del paraíso; llama a Abraham y Sara a ir a una tierra nueva y extraña;
Jacob y sus hijos viajan a Egipto para escapar de la hambruna;
Moisés guía a los israelitas en su salida de Egipto; Josué los
conduce a la Tierra Prometida; Jonás huye de Dios y Dios va
tras él; Pablo se convierte en el camino a Damasco. Incluso
Jesús viaja a Jerusalén a encontrar su destino, y luego deja la
tierra para ascender a los cielos. Para nadie es un secreto que
las Escrituras parecen estar hablando siempre de *caminos* o
sendas. El pueblo de Dios siempre está yendo a algún lugar.

Como ellos, pienso que yo también estoy en movimiento
porque la vida de fe siempre conduce a algún lugar. ¿Por qué,
entonces, siempre me enfrento a una decisión aislada, como si

Éxodo 33:14; Éxodo 15:13; Isaías 58:11; Jeremías 6:16

mi vida estuviera conformada por una serie de sucesos fortuitos que no conducen a ningún lugar en particular? ¿Por qué, por ejemplo, considero un cambio de trabajo solo en virtud de cuánto pudiera afectar mi saldo en el banco o mi ego? ¿Por qué salgo con alguien que no está en el mismo camino que yo? ¿Por qué me permito estar tan ocupada que olvido si estoy yendo o viniendo?

Siempre me ha interesado el diseño de interiores, pero es una profesión en la que nunca podría sobresalir. Aunque me gustan mucho los objetos hermosos, me cuesta mucho trabajo visualizar cómo ordenarlos para que todo encaje bien; cómo lucirá una casa una vez que se pinten las paredes, se cuelguen las cortinas, se coloque la alfombra y se seleccionen y ubiquen los muebles. No es de extrañar que algunas veces haya tenido una colección de artículos atractivos que no encajan en ninguna habitación de la casa.

No obstante, ¿qué conexión hay entre mi problema con el diseño de interiores y la toma de decisiones y la necesidad de dirección? Simplemente que como con toda opción significativa, existe un cuadro mayor que debemos tener en mente. Aunque no tengo la idea del cuadro completo, Dios sí la tiene.

Desde el comienzo mismo de mi viaje con Cristo, se me ha llamado a tener fe y luego a mantener la fe en cada momento a lo largo del camino, recordando que Dios ha prometido guiarme siempre y hasta el final… incluso hasta el triste final en el que estoy rodeada de debilidad, enfermedades, sufrimiento y muerte. Sí, como declara el salmista, aun cuando ande por valles tenebrosos, no temo mal alguno, porque la bondad y el amor del Señor me seguirán y habitaré en su casa para siempre.

10
Dios habla palabras de fidelidad

....

אֱמוּנָה אָמַן
AMAN, EMUNA

La fidelidad es una característica esencial de Dios. Él no sería Dios sin ella. Debido a que es fiel, podemos descansar en él, contar con él y creer en él. Es lo que hace de la obediencia no solo algo posible, sino también prudente. En realidad, la fidelidad de Dios tiene el propósito de lograr la misma cualidad en aquellos que creen en él.

En griego, la palabra para «fiel» es *pistos*, como en 1 Corintios 10:13: «Pero Dios es fiel, y no permitirá que ustedes sean tentados más allá de lo que puedan aguantar». La fidelidad de Dios es la que nos capacita para decir «amén», una palabra que proviene de la palabra hebrea *aman*.

Como creyentes, recibimos el llamado a serles fieles a Cristo aun bajo amenaza de muerte. Sin embargo, para la mayoría de nosotros la fidelidad es una virtud mucho más común, que consiste, como en realidad lo es, no en un acto heroico aislado, sino en la obediencia diaria, en la decisión de confiar en la bondad de Dios y creer en sus promesas. La incredulidad se alimenta del temor, el orgullo, la confianza en uno mismo y el egoísmo. Ser infiel es estar fuera de sincronismo con Dios. Ser fiel es alinearnos con Dios, reconociéndolo como poderoso, bueno y amoroso con relación a todo lo que ha hecho.

PERMITIENDO QUE LA PALABRA ME TRANSFORME

Entiendo que hay algunas ventajas cuando se está casado. Sin ir más lejos, puedes culpar a tu cónyuge cuando algo sale mal. Como madre soltera, no me puedo dar ese lujo. No obstante, hace algunos años estaba luchando para encontrar a alguien a quien culpar cuando una de mis hijas estuvo pasando por un tiempo difícil. Te voy a dar una pista. Su nombre empieza con una «D» y termina con una «s». Está compuesto de cuatro letras y las dos del medio son «i» y «o». Sí, culpaba a Dios, y lo culpaba de gran manera.

¿Por qué no estaba ayudando a mi niña? ¿No la había escogido él con todo cuidado para nuestra familia cuando la adopté? ¿No sabía por lo que ella estaba pasando? ¿No escuchaba las oraciones que hacían familiares y amigos de manera constante a su favor? Había literalmente clamado a él más de una vez, suplicando su ayuda. Sin embargo, todo lo que oía era silencio, mutis total. ¿No sabía él que yo estaba en mi límite, a punto de explotar por el estrés que sentía debido a mi incapacidad para ayudar a mi niña? ¿Por qué se negaba a socorrerla?

Cuando mi hija era joven, sufría de ansiedad aguda, lo cual hacía que reaccionara de forma excesiva ante situaciones que la mayoría de los niños hubiera enfrentado bien. Me sentía mal por ella y por mí. Tan mal en realidad que comencé a acusar a Dios. Él no escuchaba, no actuaba, no estaba cumpliendo las expectativas en cuanto a todo lo que se decía de él. Me sentía muy enojada y tan cerca del desespero como nunca lo había estado, tan cerca en verdad que me horrorizaba.

Así que hice lo único en que pude pensar: busqué a un grupo de buenas amigas para contarles, mujeres con las que me reunía con regularidad a fin de apoyarnos las unas a las otras y orar. Les dije con exactitud lo que estaba sintiendo. En un instante, hicieron un círculo a mi alrededor, pusieron sus manos sobre mis hombros y le pidieron a Dios que nos ayudara a mi hija y a mí. Pasado un breve momento, una de ellas dijo que sentía como si el pelo le pinchara en su cuello y se irguió. Ella podía en realidad sentir la presencia del mal en la habitación, de modo que guió a las demás en oración contra aquello mientras me rodeaban con su amor y preocupación. De inmediato la desesperación se apartó de mí y nunca ha regresado.

Poco tiempo después de aquella sesión de oración con mis amigas, todo pareció comenzar a ir bien para mi hija y para mí. Una amiga y su esposo la invitaron a pasar un tiempo con ellos, dándonos un descanso que necesitábamos mucho. Luego mi hija comenzó a calmarse. Se mostraba feliz, curiosa, cariñosa y divertida de nuevo, como la pequeña niña que yo recordaba. En realidad, estaba mejor de lo que nunca había estado. Nuestra relación, que no andaba muy bien, comenzó a prosperar. Nos sentíamos felices juntas. Muy pronto fue evidente que su nuevo medicamento estaba funcionando después de algunas semanas de difícil transición.

Ahora, algunos años después, mientras leo o medito en pasajes relacionados con la fidelidad de Dios, recuerdo ese tiempo. Tal vez porque la fidelidad de Dios se alza de manera muy vívida en contraste con mi propia infidelidad, como un brillante diamante blanco que descansa en un fondo de terciopelo negro. Desde entonces, he venido a apreciar la observación de Jim Cymbala sobre lo difícil que puede ser esperar las respuestas de Dios a nuestras oraciones.

Es durante la espera que el desaliento aparece con frecuencia. Este es además el tiempo en que Satanás calumnia a Dios y coloca tentaciones poderosas ante nosotros [...] El fulgor de nuestra joven fe se desvanece mientras pasan los días, semanas, meses, y algunas veces hasta años, sin ver respuesta a nuestras oraciones. *¿Cambiarán las cosas alguna vez?* Nos preguntamos. *¿Vale la pena seguir tratando de creer?* [...] El reto delante de nosotros es tener fe en Dios, y la parte más difícil de la fe es la *espera.* Y la parte más difícil de la espera es la última media hora[11].

Fue esa última media hora la que casi acaba conmigo. Al recordar ese tiempo, viene también a mi mente la promesa del libro de Isaías que se cita en el evangelio de Mateo: «No acabará de romper la caña quebrada ni apagará la mecha que apenas arde» (Mateo 12:20). Como madre, me había sentido como una «caña quebrada», incapaz de enfrentar la aflicción de mi hija. Con todo, Dios no había apagado mi fe que apenas ardía, sino que había logrado encenderla una vez más. A pesar de que sentía lo contrario, él había visto nuestra necesidad, escuchado nuestras oraciones y estaba en el proceso de responderlas.

Ahora comprendo cuán peligroso fue mi enojo. Me había llevado a realizar acusaciones falsas contra Dios, conduciéndome al borde del desespero. Sé que algunas personas piensan que es correcto enojarse con Dios. Él puede entenderlo, dicen ellas. Sin embargo, el problema es que yo no puedo entenderlo. Mi enojo distorsiona la realidad, haciendo de Dios alguien que no es: alguien distante y ausente, alguien poderoso pero desinteresado.

A partir de ese momento difícil en nuestra familia, he llegado a la conclusión de que está bien que me enoje *en* la presencia de Dios, pero no me puedo permitir enojarme *con* Dios. Puedo ser del todo honesta con el Señor sobre cómo me siento, pero no puedo permitirme proyectar mi enojo sobre él, contradiciendo lo que ya ha revelado acerca de sí mismo por medio de las Escrituras y en su trato conmigo.

Gracias a Dios que no hay nada de inconstancia e infidelidad en él. Uniéndome al apóstol Pablo que lo proclamó desde un calabozo romano, poco antes de su muerte, me alzo como testigo de la verdad de que aun «si somos infieles, él sigue siendo fiel, ya que no puede negarse a sí mismo» (2 Timoteo 2:13).

Que Dios me ayude a permanecer fiel en los días venideros.

EN LA MAÑANA

He prometido amarte

El Señor se encariñó contigo y te eligió, aunque no eras el pueblo más numeroso sino el más insignificante de todos. Lo hizo porque te ama y quería cumplir su juramento a tus antepasados; por eso te rescató del poder del faraón, el rey de Egipto, y te sacó de la esclavitud con gran despliegue de fuerza. Reconoce, por tanto, que el Señor tu Dios es el Dios verdadero, el Dios fiel, que cumple su pacto generación tras generación, y muestra su fiel amor a quienes lo aman y obedecen sus mandamientos.

Fiel es Dios, quien los ha llamado a tener
comunión con su Hijo Jesucristo, nuestro Señor.

Señor, gracias por encariñarte conmigo y nunca vacilar en tu bondad. Ayúdame a recordar las incontables formas en que ya has demostrado tu amor, a tu pueblo y a mí. Que proclame tu bondad de manera que otros conozcan quién eres.

Deuteronomio 7:7-9; 1 Corintios 1:9

EN LA NOCHE

Soy fiel aun cuando tú eres infiel

Moisés labró dos tablas de piedra semejantes a las primeras, y muy de mañana subió con ellas al monte Sinaí, como se lo había ordenado el Señor. El Señor descendió en la nube y se puso junto a Moisés. Luego le dio a conocer su nombre: pasando delante de él, proclamó:

—El Señor, el Señor, Dios clemente y compasivo, lento para la ira y grande en amor y fidelidad, que mantiene su amor hasta mil generaciones después, y que perdona la iniquidad, la rebelión y el pecado.

❦

Señor, estoy asombrada por la manera en que te describes a ti mismo. En lugar de escoger palabras como poderoso, imponente, terrible o grande, usas palabras como compasión, amor y fidelidad. Y aun más sorprendente es que esta revelación ocurrió justo después que tu pueblo había sido infiel, adorando a un becerro de oro. Gracias por nunca abandonarlos a ellos ni a mí, por el regalo de tu perdón y tu paciencia.

Éxodo 34:4-7

Lunes

EN LA MAÑANA

Soy fiel en todos los sentidos

La palabra del SEÑOR es justa;
fieles son todas sus obras.
El SEÑOR ama la justicia y el derecho;
llena está la tierra de su amor.

Tu amor, SEÑOR, llega hasta los cielos;
tu fidelidad alcanza las nubes.
Tu justicia es como las altas montañas;
tus juicios, como el gran océano.
Tú, SEÑOR, cuidas de hombres y animales;
¡cuán precioso, oh Dios, es tu gran amor!
Todo ser humano halla refugio
a la sombra de tus alas.
Se sacian de la abundancia de tu casa;
les das a beber de tu río de deleites.
Porque en ti está la fuente de la vida,
y en tu luz podemos ver la luz.

Padre, tu bondad es insondable: demasiado alta, profunda y ancha para mí. Abre mis ojos ante la manera en que toda la tierra está llena de tu infalible amor.

Salmo 33:4-5; Salmo 36:5-9

EN LA NOCHE

Amo lo que he hecho

Fiel es el SEÑOR a su palabra
y bondadoso en todas sus obras.
El SEÑOR levanta a los caídos
y sostiene a los agobiados.
Los ojos de todos se posan en ti,
y a su tiempo les das su alimento.
Abres la mano y sacias con tus favores
a todo ser viviente.
El SEÑOR es justo en todos sus caminos
y bondadoso en todas sus obras.
El SEÑOR está cerca de quienes lo invocan,
de quienes lo invocan en verdad.
Cumple los deseos de quienes le temen;
atiende a su clamor y los salva.
El SEÑOR cuida a todos los que lo aman.

Tú, Señor, muestras amor por lo que has hecho. Eso quiere decir que tus intenciones hacia cada ser humano, cada animal, cada hoja y cada rama son buenas siempre y en todo lugar. Ayúdame a descansar en ese firme cimiento. Que tu gran fidelidad transforme mis pensamientos y gobierne mis acciones, ahora y siempre. Amén.

Salmo 145:13-20

EN LA MAÑANA

Puedes confiar en mí

Confía siempre en él, pueblo mío;
ábrele tu corazón cuando estés ante él.
¡Dios es nuestro refugio!

Proclamaré el nombre del Señor.
¡Alaben la grandeza de nuestro Dios!
Él es la Roca, sus obras son perfectas,
y todos sus caminos son justos.
Dios es fiel; no practica la injusticia.
Él es recto y justo.

Padre, he vivido lo suficiente como para saber que ningún ser humano es por entero digno de confianza, incluyéndome a mí. Sin embargo, tú no eres como nosotros, diciendo una cosa y luego haciendo otra. Ayúdame a descansar en ti lo suficiente como para ser honesta con relación a mis fracasos y lo suficiente confiada en tu respuesta. Ayúdame a esperar por tu ayuda con paciencia y confianza.

Salmo 62:8; Deuteronomio 32:3-4

EN LA NOCHE

Daré lo que es bueno

Voy a escuchar lo que Dios el Señor dice:
él promete paz a su pueblo y a sus fieles,
siempre y cuando no se vuelvan a la necedad.
Muy cercano está para salvar a los que le temen,
para establecer su gloria en nuestra tierra.
El amor y la verdad se encontrarán;
se besarán la paz y la justicia.
De la tierra brotará la verdad,
y desde el cielo se asomará la justicia.
El Señor mismo nos dará bienestar,
y nuestra tierra rendirá su fruto.

Padre, envía tu amor y tu fidelidad para ayudarme. Capacítame para responderte con una obediencia fiel, creando una oportunidad para que tu perfecta voluntad se cumpla en esta tierra. Que mi vida produzca sus frutos de acuerdo con tu propósito, esa es mi oración.

Salmo 85:8-12

Miércoles

EN LA MAÑANA

Puedes poner tu esperanza en las palabras que hablo

¡Alaben al SEÑOR, naciones todas!
¡Pueblos todos, cántenle alabanzas!
¡Grande es su amor por nosotros!
¡La fidelidad del SEÑOR es eterna!

Los que te honran se regocijan al verme, porque he puesto mi esperanza en tu palabra. SEÑOR, yo sé que tus juicios son justos, y que con justa razón me afliges. Que sea tu gran amor mi consuelo, conforme a la promesa que hiciste a tu siervo. Que venga tu compasión a darme vida, porque en tu ley me regocijo.

🙵

Señor, permite que confíe en ti aun cuando estoy en aflicción. Que nada destruya mi confianza en tu fidelidad. Cuando me sienta confundida y abrumada, muéstrame tu compasión. Usa las cosas difíciles a fin de producir cosas buenas para mí y los demás.

Salmo 117:1-2; Salmo 119:74-77

EN LA NOCHE

Mi amor te guarda

Recuerda que ando errante y afligido,
que me embargan la hiel y la amargura.
Siempre tengo esto presente,
y por eso me deprimo.
Pero algo más me viene a la memoria,
lo cual me llena de esperanza:
El gran amor del SEÑOR nunca se acaba,
y su compasión jamás se agota.
Cada mañana se renuevan sus bondades;
¡muy grande es su fidelidad!

Señor, aun en medio de una gran tristeza tú me consolaste. Ayúdame a recordar tu gran fidelidad, la bondad que siempre has mostrado. No permitas que pierda la esperanza en tu ayuda. Antes bien, hazme buscar tus misericordias, porque son nuevas cada mañana.

Lamentaciones 3:19-23

EN LA MAÑANA

Soy fiel por siempre

Pero el Señor es fiel, y él los fortalecerá y los protegerá del maligno.

Que Dios mismo, el Dios de paz, los santifique por completo, y conserve todo su ser —espíritu, alma y cuerpo— irreprochable para la venida de nuestro Señor Jesucristo. El que los llama es fiel, y así lo hará.

Luego vi el cielo abierto, y apareció un caballo blanco. Su jinete se llama Fiel y Verdadero.

Señor, al mirar hacia atrás a mi vida, no puedo identificar ni un solo momento en el cual me hayas fallado o sido infiel. Tu cuidado ha sido constante aun cuando no podía verlo. Sería una tonta si no confiara en ti. ¡Sin importar lo que pase, sé que el que me llamó es fiel y lo hará!

2 Tesalonicenses 3:3; 1 Tesalonicenses 5:23-24; Apocalipsis 19:11

EN LA NOCHE

Yo cumplo cada promesa

Pero tan cierto como que Dios es fiel, el mensaje que les hemos dirigido no es «sí» y «no». Porque el Hijo de Dios, Jesucristo, a quien Silvano, Timoteo y yo predicamos entre ustedes, no fue «sí» y «no»; en él siempre ha sido «sí». Todas las promesas que ha hecho Dios son «sí» en Cristo. Así que por medio de Cristo respondemos «amén» para la gloria de Dios. Dios es el que nos mantiene firmes en Cristo, tanto a nosotros como a ustedes. Él nos ungió, nos selló como propiedad suya y puso su Espíritu en nuestro corazón, como garantía de sus promesas.

Señor, puedo estar firme porque tú lo estás. Puedo permanecer fiel porque has dado a tu Hijo para salvarme y a tu Espíritu para guiarme. Gracias por no titubear en tu plan, por no olvidar tus promesas. Ayúdame a esperar confiada en que cada una de ellas se cumplirá.

2 Corintios 1:18-22

Viernes

EN LA MAÑANA

Cree en mí

Este mensaje es digno de crédito:
Si morimos con él,
también viviremos con él;
si resistimos,
también reinaremos con él.
Si lo negamos,
también él nos negará;
si somos infieles,
él sigue siendo fiel,
ya que no puede negarse a sí mismo.

—¿Qué tenemos que hacer para realizar las obras que Dios exige? —le preguntaron.

—Ésta es la obra de Dios: que crean en aquel a quien él envió —les respondió Jesús.

❧

Señor, mi fe no ha sido siempre inquebrantable. Con todo, tú nunca me has fallado. Oro hoy para que me des lo que más necesito: más tesón, celo, valor y amor. Que puedas proclamar tu gran fidelidad a través de mi vida.

2 Timoteo 2:11-13; Juan 6:28-29

EN LA NOCHE

Mis ojos están sobre los fieles

Pondré mis ojos en los fieles de la tierra,
para que habiten conmigo.

Pero Dios es fiel, y no permitirá que ustedes sean tentados
más allá de lo que puedan aguantar. Más bien, cuando llegue
la tentación, él les dará también una salida a fin de que puedan
resistir.

Sé fiel hasta la muerte, y yo te daré la corona de la vida.

❦

*Señor, a veces parece que estás pidiendo algo irrealizable.
Sin embargo, he comprobado que tu gracia me capacita para
hacer lo que es imposible que haga por mí misma. Ayúdame
a permanecer fiel en medio de las pruebas, esperando con
confianza en tu liberación.*

Salmo 101:6; 1 Corintios 10:13; Apocalipsis 2:10

Sábado

EN LA MAÑANA

Puedo hacer grandes cosas con tu vida

Por la fe Abraham, cuando fue llamado para ir a un lugar que más tarde recibiría como herencia, obedeció y salió sin saber a dónde iba. Por la fe se radicó como extranjero en la tierra prometida […]

Por la fe Abraham, a pesar de su avanzada edad y de que Sara misma era estéril, recibió fuerza para tener hijos, porque consideró fiel al que le había hecho la promesa. Así que de este solo hombre, ya en decadencia, nacieron descendientes numerosos como las estrellas del cielo e incontables como la arena a la orilla del mar.

❧

Señor, quiero usar mi vida de la mejor manera posible, no para recibir gloria, sino para que tú la recibas. Aumenta mi fe, expándela, hazla fuerte. Que la fe sea el sello que distinga mi vida. Cumple tu propósito a través de mí.

Hebreos 11:8-9, 11-12

EN LA NOCHE

No confíes en ti mismo

En cambio, el fruto del Espíritu es amor, alegría, paz, paciencia, amabilidad, bondad, fidelidad, humildad y dominio propio. No hay ley que condene estas cosas.

Hijo mío, no te olvides de mis enseñanzas;
más bien, guarda en tu corazón mis mandamientos.
Porque prolongarán tu vida muchos años
y te traerán prosperidad.
Que nunca te abandonen el amor y la verdad:
llévalos siempre alrededor de tu cuello
y escríbelos en el libro de tu corazón […]
Confía en el SEÑOR de todo corazón,
y no en tu propia inteligencia […]
No seas sabio en tu propia opinión;
más bien, teme al SEÑOR y huye del mal.
Esto infundirá salud a tu cuerpo
y fortalecerá tu ser.

Señor, con tu ayuda voy a confiar en ti con todo mi corazón, sin dudar jamás de tus intenciones ni malinterpretar tus motivos. Voy a mantener tu amor y fidelidad como lo primero en mi mente para que ninguna situación en mi vida quede sin la influencia de tu amor.

Gálatas 5:22-23; Proverbios 3:1-3, 5, 7-8

RECORDARÉ ESTO

Fiel es el Señor a su palabra
y bondadoso en todas sus obras.
El Señor levanta a los caídos
y sostiene a los agobiados.

....

El gran amor del Señor nunca se acaba,
y su compasión jamás se agota.
Cada mañana se renuevan sus bondades;
¡muy grande es su fidelidad!

....

Que nunca te abandonen el amor y la verdad:
llévalos siempre alrededor de tu cuello
y escríbelos en el libro de tu corazón […]
Confía en el Señor de todo corazón,
y no en tu propia inteligencia.

....

Mark Buchanan es un buen amigo, un cliente y uno de mis autores favoritos. Un día, durante un almuerzo, lanzó una frase para describir un libro que estaba pensando escribir. Habló de la necesidad de «descansar en el carácter de Dios»[12]. Me encanta esa frase porque captura la esencia de la fidelidad.

Cada vez que siento tambalear mi fe, esto ha coincidido con los momentos en que he tratado de «descansar en las circunstancias» en lugar de «descansar en el carácter de Dios». Algo

Salmo 145:13-14; Lamentaciones 3:22-23; Proverbios 3:3, 5

en mi mente trata de seguir sacando a la luz la mentira de «si solo». «*Si solo* tuviera más energía; *si solo* tuviera más tiempo; *si solo* mis hijas hubieran…». Incluso en los buenos tiempos, siempre puedo traer a colación otros *si solo*. Sin embargo, Jesús no promete reacomodar nuestras circunstancias, suavizarlo todo para nosotros. No es en eso que afianzamos nuestra fe. En realidad, Jesús en una oportunidad destacó que *cada día tiene ya sus problemas.*

Descansar en nuestras circunstancias, entonces, es como tratar de relajarnos en una cama llena de puntillas o en el puente de un barco al que el agitado océano lanza de un lado para otro. Una oleada repentina y es muy probable que salgamos lanzados por la borda. Sabemos que las circunstancias pueden cambiar en un instante. Lo único que nunca cambia es el carácter de Dios, sus intenciones, su corazón. Ese es el firme cimiento en el que podemos descansar.

No obstante, ¿qué significa eso hablando en términos prácticos? Al menos significa que tengo que actuar como si creyera que Dios es fiel, como si sus intenciones hacia mí fueran siempre para bien y nunca para mal. Pongo mi fe en él. Actúo con fidelidad hacia él, obedeciendo sus mandamientos, rindiéndome a su dirección.

La carta a los Hebreos nos dice que «sin fe es imposible agradar a Dios» (Hebreos 11:6). Esto no es más que la constatación de un hecho, como decir que sin aire es imposible respirar, sin comida no se puede sobrevivir, o que cuando tus ojos están cerrados no puedes ver. La fe abre nuestros ojos a la bondad y la veracidad de Dios. Vivimos por fe y no por vista. No hay otra forma, no hay otra promesa, no hay otra estrategia que produzca la vida que deseamos, la vida para la que fuimos creados.

11
Dios habla palabras de esperanza y consuelo

....

יָחַל תִּקְוָה נָחַם
YAHAL, TIQWA; NAHAM

La esperanza (*yahal* y *tiqwa*), en el sentido bíblico, tiene poco que ver con caprichos o ilusiones y mucho que ver con una confiada expectación. La esperanza tiene su raíz no en las circunstancias o el tiempo, sino en Dios mismo. Se describe como un ancla para nuestras almas porque tiene como fundamento la inalterable naturaleza del mismo Dios y sus intenciones. La esperanza estabiliza nuestro corazón al capacitarnos para esperar con confianza lo que más deseamos: el inagotable gozo de vivir en la presencia de Dios.

La palabra hebrea *naham* puede traducirse como «animar» o «consolar». Aunque las personas pueden consolarse unas a otras, Dios es la fuente definitiva del consuelo, el único capaz de cambiar nuestra desolación en gozo. Es de destacar que poco tiempo después de que los israelitas traicionaran a Dios adorando a un becerro de oro en el desierto, Dios se le reveló a Moisés no solo como el Dios de justicia, sino como un «Dios clemente y compasivo, lento para la ira y grande en amor y fidelidad, que mantiene su amor hasta mil generaciones después, y que perdona la iniquidad, la rebelión y el pecado» (Éxodo 34:6-7). Las metáforas de Dios como un pastor o una madre describen su consuelo de una manera muy conmovedora.

El Nuevo Testamento deja claro que Dios es la fuente de todo consuelo. En realidad, la Biblia le llama al Espíritu Santo «el Consolador». También Jesús habló de su deseo de consolar a su pueblo, anhelante de atraerlo a sí mismo como lo hace la gallina al poner a sus polluelos bajo sus alas. Por último, Dios nos consuela al enviar a su Hijo para salvarnos, librándonos de la esclavitud del pecado y destinándonos a un futuro lleno de esperanza.

PERMITIENDO QUE LA PALABRA ME TRANSFORME

Es el día después de Acción de Gracias. Ayer a esta hora, nuestra casa estaba desbordante de los ricos olores de la fiesta de la cosecha. Se encontraba llena de personas riendo y perros ladrando. El fuego crepitaba en el fogón. Incluso teníamos tres cumpleaños que celebrar, así que había tarjetas y regalos, un pastel con sus velitas y un poco de cantos desafinados para destacar la ocasión.

Hoy es diferente. Todo no solo está más tranquilo, sino un poco sombrío. No es que esté sufriendo de depresión después de un día festivo. Es que he estado pensando en mi lista de tarjetas de Navidad, analizando cuán difícil ha sido este año para algunos. En realidad, si deseas un microcosmos de muchos tipos habituales de pérdidas, tienes que mirar mi lista: Una persona murió, una sufrió, una cayó en desgracia, una atravesó una enfermedad grave, una perdió su trabajo y otras dos se divorciaron. Y estas eran solo las pérdidas obvias, las que las personas no pueden esconder. Me pregunté: ¿Y qué hay del dolor personal que las personas albergan en silencio? ¿No estamos casi todos necesitados de algún tipo de consuelo y esperanza perdurable?

Pensé también en los límites del consuelo, al menos del tipo humano. Ante una tragedia puede ser difícil saber cómo consolar a alguien. No tenemos los recursos para hacer lo que nos gustaría hacer: revertir una pérdida financiera, sanar al enfermo, restaurar una reputación dañada o arreglar las relaciones deshechas. Nuestra incomodidad ante una pérdida puede ser tan extrema que a veces nos hace caer en comentarios tontos, como el que escuché una vez en un funeral en el que uno de los asistentes señaló que las flores que cubrían el ataúd eran tan hermosas que casi parecían artificiales. O como el de la mujer que trataba de consolar a un afligido esposo asegurándole que su esposa lucía mucho más bonita en la caja fúnebre de lo que nunca lució cuando estaba viva.

Sin embargo, incluso peor que lanzar comentarios insensibles en nuestro intento de llenar el incómodo silencio es la insensibilidad de no presentarse ante una situación de esas. Hace poco una de las mejores amigas de mi madre quedó inválida, confinada a su cama en un hogar de ancianos. Ella está también en mi lista de Navidad. Aunque había orado por ella con regularidad, recuerdo cómo respondí cuando mi mamá me sugirió que la visitara. Me sentí molesta, como si me estuviera pidiendo demasiado. ¿No sabía mi madre que estaba muy ocupada? ¿Que tenía un libro que escribir, clientes que ayudar y niñas que cuidar?

No obstante, en cuanto solté mi queja, me sentí avergonzada. ¿Cómo puedo reducir el sufrimiento de otra persona a una mera inconveniencia? ¿Todo tiene que dar vueltas alrededor de mis necesidades, mis preocupaciones y mi programa? ¿Y si yo estuviera en una cama? Me sentí mal por lo que había revelado mi respuesta sobre la condición de mi corazón. Por el bien de mi alma sabía que necesitaba ofrecerle el pequeño regalo de mi presencia a una mujer que había sido amiga de la familia durante muchos años. Así que fui y me sentí reconfortada por el regalo de su persona, convaleciente como estaba en aquella cama con tanta paciencia y tan buen carácter.

Uno de los pasajes más conocidos de la Biblia es el Salmo 23. Representa un consuelo para los que viven, así como para los que están cerca de la muerte.

> Aun si voy por valles tenebrosos,
> no temo peligro alguno
> porque tú estás a mi lado;
> tu vara de pastor me reconforta.

Dios es el pastor que no va a dejar de mostrarse cuando lo necesitemos. Él es fuerte y amoroso para ayudarnos a atravesar con seguridad el valle tenebroso. ¿No es el mayor consuelo que podamos recibir creer que por pertenecerles a Dios nuestro fin será dulce y no amargo, que los cielos aguardan por nosotros aun en medio de cualquier situación infernal que podamos sufrir?

Anoche le pregunté a una pareja de amigas si dudaban de la existencia de la vida más allá de la muerte. Una admitió que tenía dudas a veces, pero dijo que también había tenido experiencias sobrenaturales que la convencían de que había algo más allá de esta vida. Entonces mi amiga Patti relató una experiencia que había tenido unos años atrás.

Encontrándose sola en casa una noche, Patti había estado leyendo el periódico cuando comenzó la música. Era exquisita, extraña pero hermosa. De seguro la música no provenía del televisor, el radio o el reproductor de DVD, así que Patti caminó por toda la casa tratando de localizar su fuente. Sin embargo, luego de una búsqueda minuciosa, seguía sin saber de dónde procedía. Entonces se detuvo frente a la puerta principal, pero todo estaba tranquilo. Fue en ese momento que comprendió que la música venía de su interior. Patti estaba escuchando la música dentro de su cabeza. Su primer pensamiento fue preguntarse si tal vez estaría perdiendo la razón. ¡Pero qué manera tan placentera de suceder esto! Luego, después de unos treinta minutos, la música se detuvo.

Poco después Patti escuchó una sirena y vio la luz roja intermitente de una ambulancia mientras se aproximaba a la casa de al lado. Aunque hacía poco que sus vecinos vivían allí, Patti sabía que la esposa había estado sufriendo de la enfermedad de Lou Gehrig. Ella vio cuando los paramédicos la sacaron en una camilla.

El sufrimiento de la mujer, según supo más tarde, había terminado esa noche. A la hora exacta en que Patti había escuchado la música, tal parece que su vecina estaba pasando de esta vida a la próxima. Luego le dijo al esposo de la mujer que estaba segura de que había escuchado las voces de los ángeles regocijándose y cantando mientras llevaban a su esposa al cielo.

El Salmo 116 asegura que Dios conoce el tiempo exacto en que nos marchamos de este mundo. Él no va a estar abstraído, mirando hacia el otro lado cuando sea nuestro momento de partir. En realidad, sucede lo contrario, ya que el salmista dice: «Mucho valor tiene a los ojos del SEÑOR la muerte de sus fieles» (Salmo 116:15). Jesús expresó algo parecido al hacer notar que ni siquiera un gorrión cae a tierra sin que el Padre lo sepa.

Por último, parece que nuestra mejor esperanza de consuelo reside en la presencia misma de Dios: En su fidelidad, su bondad, su naturaleza inalterable, su capacidad para cumplir sus promesas. Parafraseando a Pablo, nada puede separarnos del amor de Cristo, ni la pérdida de trabajos, los problemas familiares, la soledad, los malos entendidos, los fracasos, o incluso la enfermedad Lou Gehrig. Nuestros cuerpos pueden traicionarnos, nuestras familias desampararnos, nuestros amigos fallarnos, pero la grandiosa verdad es que si Dios está con nosotros, entonces nada puede derrotarnos.

EN LA MAÑANA

Yo soy el que te consuela

Soy yo mismo el que los consuela.

Porque yo sé muy bien los planes que tengo para ustedes —afirma el Señor—, planes de bienestar y no de calamidad, a fin de darles un futuro y una esperanza. Entonces ustedes me invocarán, y vendrán a suplicarme, y yo los escucharé. Me buscarán y me encontrarán, cuando me busquen de todo corazón.

Señor, cuando todo consuelo falla, tú sigues estando con nosotros. Danos la gracia —hoy, mañana y al día siguiente— para echar a un lado los pensamientos de duda. Ayúdanos, en medio de la tristeza, a sentir tu presencia. Llénanos con la paz que solo tú puedes dar.

Isaías 51:12; Jeremías 29:11-13

EN LA NOCHE

Voy a bendecir a los que lloran

Dichosos ustedes los pobres,
porque el reino de Dios les pertenece.
Dichosos ustedes que ahora pasan hambre,
porque serán saciados.
Dichosos ustedes que ahora lloran,
porque luego habrán de reír.
Dichosos ustedes cuando los odien,
cuando los discriminen, los insulten y los
desprestigien
por causa del Hijo del hombre.
Alégrense en aquel día y salten de gozo, pues
miren que les espera una gran recompensa en el
cielo.

Señor, dijiste una vez que los pobres siempre estarían con no-sotros. Podías haber dicho lo mismo acerca de los afligidos, porque la vida tiene sus tiempos de pérdidas. Te pido que es-tés cerca de los que están afligidos a nuestro alrededor. Obra algo bueno a partir de nuestra aflicción. Cuéntanos con aque-llos a los que llamas «dichosos».

Lucas 6:20-23

Lunes

EN LA MAÑANA

Aunque estés en tinieblas, yo seré tu luz

Pero yo he puesto mi esperanza en el Señor;
yo espero en el Dios de mi salvación.
¡Mi Dios me escuchará!
Enemiga mía, no te alegres de mi mal.
Caí, pero he de levantarme;
vivo en tinieblas, pero el Señor es mi luz.

Se vislumbra esperanza en tu futuro: tus hijos volverán a su patria —afirma el Señor—.

Yo soy la luz del mundo. El que me sigue no andará en tinieblas, sino que tendrá la luz de la vida.

❧

Señor, en las tinieblas, sé mi luz. Hazme recordar tu bondad. Ayúdame a ver la evidencia de tu gran amor. Cuando extienda mi mano, que la tuya me guíe. Ayúdame a recordar que no estoy sola, porque tú siempre estás conmigo.

Miqueas 7:7-8; Jeremías 31:17; Juan 8:12

EN LA NOCHE

No te voy a decepcionar

Mis lágrimas son mi pan de día y de noche,
mientras me echan en cara a todas horas:
«¿Dónde está tu Dios?» […]
¿Por qué voy a inquietarme?
¿Por qué me voy a angustiar?
En Dios pondré mi esperanza
y todavía lo alabaré.
¡Él es mi Salvador y mi Dios!

El SEÑOR omnipotente enjugará las lágrimas de
todo rostro, y quitará de toda la tierra el oprobio de
su pueblo. El SEÑOR mismo lo ha dicho.
En aquel día se dirá:
«¡Sí, éste es nuestro Dios;
en él confiamos, y él nos salvó!
¡Éste es el SEÑOR, en él hemos confiado;
regocijémonos y alegrémonos en su salvación!»

❧

*Señor, puedo confiar en mí o confiar en ti. Puedo concluir que
yo soy mi principal juez de la realidad o que lo eres tú. Mis
sentimientos son muy naturales y reales, sin embargo, sé que
no puedo confiar en ellos. Así que en lugar de apoyarme en
mi propia inteligencia, voy a apoyarme en ti y un día, junto a
muchos otros, de seguro diremos: «¡Sí, éste es nuestro Dios; en
él confiamos, y él nos salvó!».*

Salmo 42:3, 5; Isaías 25:8-9

Martes

EN LA MAÑANA

Cree en mí y vivirás

A su llegada, Jesús se encontró con que Lázaro llevaba ya cuatro días en el sepulcro. Betania estaba cerca de Jerusalén, como a tres kilómetros de distancia, y muchos judíos habían ido a casa de Marta y de María, a darles el pésame por la muerte de su hermano […]

—Señor —le dijo Marta a Jesús—, si hubieras estado aquí, mi hermano no habría muerto. Pero yo sé que aun ahora Dios te dará todo lo que le pidas.

—Tu hermano resucitará —le dijo Jesús.

—Yo sé que resucitará en la resurrección, en el día final —respondió Marta.

Entonces Jesús le dijo:

—Yo soy la resurrección y la vida. El que cree en mí vivirá, aunque muera; y todo el que vive y cree en mí no morirá jamás.

❦

Señor Jesús, la muerte había caído como la terrible cortina final sobre Lázaro, separándolo de todos los que le amaban, incluyéndote a ti. Sin embargo, este no era el final; nunca lo es para aquellos que te aman. Gracias no solo por prometer resucitarnos, sino por mostrar tu poder para cumplir esa promesa.

Juan 11:17-26

EN LA NOCHE

Me aflijo por tu sufrimiento

Al ver llorar a María […] Jesús se turbó y se conmovió profundamente.

—¿Dónde lo han puesto? —preguntó.

—Ven a verlo, Señor —le respondieron.

Jesús lloró […]

Jesús se acercó al sepulcro. Era una cueva cuya entrada estaba tapada con una piedra.

—Quiten la piedra —ordenó Jesús.

Marta, la hermana del difunto, objetó:

—Señor, ya debe oler mal, pues lleva cuatro días allí.

—¿No te dije que si crees verás la gloria de Dios? —le contestó Jesús.

Entonces quitaron la piedra […]

Dicho esto, gritó con todas sus fuerzas:

—¡Lázaro, sal fuera!

El muerto salió, con vendas en las manos y en los pies, y el rostro cubierto con un sudario.

—Quítenle las vendas y dejen que se vaya —les dijo Jesús.

❦

Señor, tú lloraste cuando tu amigo murió, aun cuando sabías que ibas a levantarlo de entre los muertos. Gracias por ser un Salvador que comprende nuestro dolor y nuestras tristezas. Nunca me permitas afligirme como aquel que no tiene esperanza, sino como alguien que cree que eres en verdad la resurrección y la vida.

Juan 11:33-35, 38-41, 43-44

EN LA MAÑANA

Voy a revestirte de inmortalidad

Fíjense bien en el misterio que les voy a revelar: No todos moriremos, pero todos seremos transformados, en un instante, en un abrir y cerrar de ojos, al toque final de la trompeta. Pues sonará la trompeta y los muertos resucitarán con un cuerpo incorruptible, y nosotros seremos transformados. Porque lo corruptible tiene que revestirse de lo incorruptible, y lo mortal, de inmortalidad. Cuando lo corruptible se revista de lo incorruptible, y lo mortal, de inmortalidad, entonces se cumplirá lo que está escrito: «La muerte ha sido devorada por la victoria».

«¿Dónde está, oh muerte, tu victoria?
¿Dónde está, oh muerte, tu aguijón?»

Padre, en un instante, en un abrir y cerrar de ojos, todos seremos transformados. Cuando perezca la esperanza terrenal, ayúdame a abrazarme a la esperanza que viene de arriba, donde tú estás, hacia donde me dirijo. Esa es mi oración, ahora y por siempre, amén.

1 Corintios 15:51-55

EN LA NOCHE

Voy a consolarte en tus sufrimientos

Alabado sea el Dios y Padre de nuestro Señor Jesucristo, Padre misericordioso y Dios de toda consolación, quien nos consuela en todas nuestras tribulaciones para que con el mismo consuelo que de Dios hemos recibido, también nosotros podamos consolar a todos los que sufren. Pues así como participamos abundantemente en los sufrimientos de Cristo, así también por medio de él tenemos abundante consuelo. Si sufrimos, es para que ustedes tengan consuelo y salvación; y si somos consolados, es para que ustedes tengan el consuelo que los ayude a soportar con paciencia los mismos sufrimientos que nosotros padecemos. Firme es la esperanza que tenemos en cuanto a ustedes, porque sabemos que así como participan de nuestros sufrimientos, así también participan de nuestro consuelo.

Señor, el apóstol Pablo vinculó su experiencia de tus sufrimientos a su experiencia de tu consolación. Hazme recordar que también yo soy parte de tu cuerpo, unida a ti tanto en el sufrimiento como en la consolación. Transforma mis problemas en algo meritorio. Consuélame de manera que pueda consolar a otros.

2 Corintios 1:3-7

EN LA MAÑANA

El gozo sobrepasará tu tristeza

El que con lágrimas siembra,
con regocijo cosecha.
El que llorando esparce la semilla,
cantando recoge sus gavillas.

Volverán los rescatados del SEÑOR,
y entrarán en Sión con cánticos de júbilo;
su corona será el gozo eterno.
Se llenarán de regocijo y alegría,
y se apartarán de ellos el dolor y los gemidos.

Señor, te pido que uses los tiempos difíciles para producir tiempos mejores en mi vida. Ayúdame a aprender, confiar, crecer... no a pesar de las dificultades, sino por ellas. Echa fuera mi tristeza y remplázala con tu gozo. Renueva mi alma y glorifícate en mi vida.

Salmo 126:5-6; Isaías 51:11

EN LA NOCHE

Tu cuerpo puede descansar en esperanza

En efecto, David dijo de él [Jesús]:
«Veía yo al Señor siempre delante de mí,
porque él está a mi derecha para que no caiga.
Por eso mi corazón se alegra, y canta con gozo mi
lengua;
mi cuerpo también vivirá en esperanza.
No dejarás que mi vida termine en el sepulcro;
no permitirás que tu santo sufra corrupción.
Me has dado a conocer los caminos de la vida;
me llenarás de alegría en tu presencia».

❦

Jesús, tú siempre estás conmigo, muéstrame cómo vivir. Me das tu gracia día tras día. Me guías a través de la adversidad, las tinieblas y todo tipo de dificultades. Aun en la muerte estarás allí. Mi cuerpo descansará en esperanza, porque tú me levantarás y me llenarás nuevamente de gozo en tu presencia.

Hechos 2:25-28

EN LA MAÑANA

Seré para ti como una madre

Como madre que consuela a su hijo,
así yo los consolaré a ustedes.

Cuántas veces quise reunir a tus hijos, como reúne la gallina a sus pollitos debajo de sus alas.

Por lo tanto, así dice el Señor:
«Volveré a compadecerme de Jerusalén.
Allí se reconstruirá mi templo,
y se extenderá el cordel de medir, *afirma el Señor Todopoderoso.*»
Proclama además lo siguiente de parte del Señor Todopoderoso:
«Otra vez mis ciudades rebosarán de bienes,
otra vez el Señor consolará a Sión,
otra vez escogerá a Jerusalén.»

Señor, sé como una madre que me envuelve en tus brazos llenos de perdón. Ayúdame a descansar allí, consuélame en tu pecho. Hazme conocer tu amor una vez más.

Isaías 66:13; Mateo 23:37; Zacarías 1:16-17

EN LA NOCHE

Voy a consolarte una vez más

Aun cuando sea yo anciano y peine canas,
no me abandones, oh Dios,
hasta que anuncie tu poder
a la generación venidera,
y dé a conocer tus proezas
a los que aún no han nacido.
Oh Dios, tú has hecho grandes cosas;
tu justicia llega a las alturas.
¿Quién como tú, oh Dios?
Me has hecho pasar por muchos infortunios,
pero volverás a darme vida;
de las profundidades de la tierra
volverás a levantarme.
Acrecentarás mi honor
y volverás a consolarme.
Por tu fidelidad, Dios mío,
te alabaré con instrumentos de cuerda;
te cantaré, oh Santo de Israel,
salmos con la lira.

Señor, aunque he estado en angustias, muchas y amargas, nunca me has desamparado. Gracias por el tesón, por el optimismo de la esperanza, por la energía de la vida. Hazme permanecer fuerte hasta el final, esa es mi oración, y seguiré cantando tus alabanzas.

Salmo 71:18-22

Sábado

EN LA MAÑANA

La esperanza que yo doy no te decepcionará

Tenemos como firme y segura ancla del alma una esperanza.

En consecuencia, ya que hemos sido justificados mediante la fe, tenemos paz con Dios por medio de nuestro Señor Jesucristo. También por medio de él, y mediante la fe, tenemos acceso a esta gracia en la cual nos mantenemos firmes. Así que nos regocijamos en la esperanza de alcanzar la gloria de Dios. Y no sólo en esto, sino también en nuestros sufrimientos, porque sabemos que el sufrimiento produce perseverancia; la perseverancia, entereza de carácter; la entereza de carácter, esperanza. Y esta esperanza no nos defrauda, porque Dios ha derramado su amor en nuestro corazón por el Espíritu Santo que nos ha dado.

> «Brotará la raíz de Isaí,
> el que se levantará para gobernar a las naciones;
> en él los pueblos pondrán su esperanza.»
> Que el Dios de la esperanza los llene de toda
> alegría y paz a ustedes que creen en él, para que
> rebosen de esperanza por el poder del Espíritu
> Santo.

Hebreos 6:19; Romanos 5:1-5; Romanos 15:12-13

Señor, el desespero y el desaliento nunca provienen de ti. ¡Cómo podría ser así siendo tú un Dios de esperanza! Ante cualquier cosa que suceda, que esta esperanza sea un ancla para mi alma que me haga permanecer firme y segura, sin importar la turbulencia que enfrente.

EN LA NOCHE

Voy a cambiar tu duelo en gozo

«Porque el SEÑOR rescató a Jacob;
lo redimió de una mano más poderosa.
Vendrán y cantarán jubilosos en las alturas de Sión;
disfrutarán de las bondades del SEÑOR:
el trigo, el vino nuevo y el aceite,
las crías de las ovejas y las vacas.
Serán como un jardín bien regado,
y no volverán a desmayar.
Entonces las jóvenes danzarán con alegría,
y los jóvenes junto con los ancianos.
Convertiré su duelo en gozo, y los consolaré;
transformaré su dolor en alegría.
Colmaré de abundancia a los sacerdotes,
y saciaré con mis bienes a mi pueblo», *afirma el SEÑOR.*

Jeremías 31:11-14

Padre, me regocijaré en tu bondad, creyendo que tú cambiarás mi duelo en gozo y mi dolor en alegría. Lléname, Dios, con tu abundancia. Permíteme probar tu bondad, mi Señor y mi Dios.

RECORDARÉ ESTO

Porque yo sé muy bien los planes que tengo para ustedes —afirma el Señor—, planes de bienestar y no de calamidad, a fin de darles un futuro y una esperanza. Entonces ustedes me invocarán, y vendrán a suplicarme, y yo los escucharé. Me buscarán y me encontrarán, cuando me busquen de todo corazón. Me dejaré encontrar —afirma el Señor—.

Devorará a la muerte para siempre;
el Señor omnipotente enjugará las lágrimas de todo
rostro, y quitará de toda la tierra el oprobio de su
pueblo. El Señor mismo lo ha dicho.
En aquel día se dirá:
«¡Sí, éste es nuestro Dios;
en él confiamos, y él nos salvó!
¡Éste es el Señor, en él hemos confiado;
regocijémonos y alegrémonos en su salvación!»

Como madre que consuela a su hijo,
así yo los consolaré a ustedes.

Hace poco terminé de leer las memorias de Joan Didion, *El año del pensamiento mágico*, escritas después de la repentina muerte de su esposo. Al explicar por qué decidió narrar

Jeremías 29:11-14; Isaías 25:8-9; Isaías 66:13

las crónicas de su primer año sin él, ella dijo: «Este es mi intento de entender el período después de lo sucedido, semanas y luego meses que eliminaron cualquier idea fija que hubiera tenido acerca de la muerte, acerca de la enfermedad, acerca de la probabilidad y la suerte, acerca de la buena y la mala fortuna, acerca del matrimonio, los hijos y los recuerdos, acerca de la aflicción, acerca de la forma en que las personas enfrentan o no el hecho de que la vida termina, acerca de la superficialidad de la cordura, acerca de la vida misma»[13].

El libro es fascinante, pero misterioso y hechizante, sin esperanza. Explorando de forma implacable asuntos como el aumento de las muertes, se atreve a preguntarse lo que pudo haber experimentado su esposo: «¿"Un momento de terror […] entonces, luego de un instante, la eterna oscuridad?"». El punto final de sus memorias alcanza el nivel más sombrío, ya que concluye que *no hay ojo alguno sobre el gorrión*. Este es un comentario que le hiciera una vez su esposo y que ahora resumía su valoración de la vida.

Creyendo esto, no estoy segura de cómo una persona puede continuar. Si en el esquema de las cosas nuestro sufrimiento es un asunto de «indiferencia permanente», como ella dice, ¿cómo puede alguien entender cosa alguna, menos aún la muerte de un ser querido?

Jesús sostuvo el punto de vista contrario. Creer en él es estar a su lado en el bando de la esperanza. Es afirmar que el sufrimiento de un ser humano no es un asunto de indiferencia cósmica. Es creer que un ojo divino y amoroso está fijo sobre nosotros aun cuando no somos conscientes de la mirada de Dios. Esa es la batalla de la fe. Es la batalla que enfrentó Jesús en la cruz.

Si estamos con él en medio de nuestras dudas y nuestro dolor, entonces el punto final de nuestra vida confirmará un día la verdad de sus palabras: «¿No se venden cinco gorriones por dos moneditas? Sin embargo, Dios no se olvida de ninguno de ellos. Así mismo sucede con ustedes: aun los cabellos de su cabeza están contados. *No tengan miedo; ustedes valen más que muchos gorriones*» (Lucas 12:6-7). Con el profeta cantaremos: «¡Sí, éste es nuestro Dios; en él confiamos, y él nos salvó!» (Isaías 25:9).

12
Dios habla palabras de sanidad

....

יהוה רֹפֵא
YAHWEH ROPHE

La palabra hebrea *rapa* significa «sanar» o «curar». Poco después de la salida de su pueblo de Egipto, Dios se reveló como *Yahweh Rophe*, «el Señor que sana». Aunque hoy podemos señalar a los gérmenes o los problemas genéticos como la causa de muchos tipos de enfermedades, la Biblia es más profunda. La misma identifica al pecado como la causa primaria de cada aflicción que sufrimos, ya que el pecado rompe nuestra conexión con el Creador y el mundo perfecto que él ha hecho.

En el Nuevo Testamento, las palabras *iaomai* y *therapeuo* significan «sanar, curar». Los Evangelios presentan a Jesucristo como el más grande de todos los médicos, capaz de curar tanto el alma como el cuerpo. Jesús dejó claro que la enfermedad no siempre es el resultado de un pecado personal, sino también del hecho de vivir en un mundo caído. Sus muchos milagros son señal de la llegada del reino de los cielos.

PERMITIENDO QUE LA PALABRA ME TRANSFORME

Soy escéptica por naturaleza, siempre cautelosa acerca de los reclamos de milagros o sanidades. Sin embargo, la Biblia no es cautelosa con relación al vínculo de la fe y los milagros, ni tampoco al invitarnos a poner nuestra fe en acción por medio de la oración sanadora. Así que oro.

En realidad, mi lista de oración está sazonada de peticiones de sanidad. En este momento tengo en mi lista a una joven madre que hace algunos días parecía estar al borde de la muerte producto de una extraña enfermedad en la sangre, a un niño pequeño que acaba de pasar por una operación de dos horas y media por causa de una infección en su corazón, y a un amigo que está luchando contra un tipo muy agresivo de cáncer. Podría arriesgarme a suponer que casi todos conocemos a muchas personas en extrema necesidad de la gracia sanadora.

Hace algunos años comencé a orar, junto a otros, por la amiga de una amiga. Estaba sufriendo de varias dolencias que la debilitaban y por último se le diagnosticó fibromialgia. A través de los años ella ha expresado su gratitud por nuestro apoyo en oración a través de cartas, mensajes de correo electrónico y hasta una enorme bandeja de bizcochos de chocolate. Sin embargo, nunca tuve el placer de conocerla hasta la semana pasada. Una fría noche de diciembre, cuatro amigas de oración acompañadas de esta mujer llegaron a la entrada de mi casa, cubiertas con bufandas y gruesos abrigos para protegerse del clima invernal. Juntas disfrutamos de una comida sencilla que pareció una fiesta por el gozo que sentimos mientras celebrábamos lo que Dios había hecho por ella. Fue un raro privilegio conocer a alguien por quien había estado orando durante tanto tiempo y saber entonces del impacto de nuestras oraciones en su vida.

Luego se me ocurrió que tales encuentros deben suceder todo el tiempo en el cielo, donde personas que nunca se conocieron en la tierra se abrazan con afecto unas a otras, con el conocimiento pleno de cómo las oraciones de los demás cambiaron el curso de sus vidas. Las últimas semanas han traído más buenas noticias de las personas en mi lista de oración. El pequeño sometido a la operación del corazón está en vías de recuperación, y esta es la última noticia que nos dio la suegra de la mujer que se había encontrado tan grave:

> Ella está caminando sin su andador y hablando bien, aunque lento. La resonancia magnética no muestra daños en su cerebro. Aunque está muy cansada, su sangre se halla ahora en el rango normal. Va a pasar unas cuatro horas al día en tratamiento en el hospital. La vida para ella no será «normal» por un tiempo, pero está segura de que se encuentra en camino a la recuperación.

Por algún tiempo las noticias parecieron también ser buenas para el amigo que batallaba con un tipo agresivo de cáncer. No obstante, hace unos días se supo que el cáncer había retornado, diseminándose por su cuerpo a una velocidad alarmante. En medio de la larga lucha de mi amigo, su esposa escribió esta nota para todos los que han estado orando por él con tanta fidelidad: «Vivimos una vida de incertidumbre, pero servimos a un Dios omnisciente y amoroso. Ese es nuestro consuelo».

Se me ocurre que ella ha logrado el balance correcto al poner su fe no en el resultado, sino en la Persona. Confieso que me es difícil lograr ese balance, de manera particular cuando se trata de la oración por sanidad. En vez de hacer énfasis en el amor de Dios, tiendo a enfatizar la incertidumbre de la vida. Incluso cuando alguien por quien he orado se recupera (algo que sucede con frecuencia), me comienzo a preguntar si la oración fue el medio para el éxito.

Sin embargo, quizás inciertas no es la palabra que debiera caracterizar a mis oraciones, ya que una y otra vez Jesús les habló a sus seguidores sobre la importancia de tener fe:

—*Hija, tu fe te ha sanado* —*le dijo Jesús*—. *Vete en paz* (Lucas 8:48).

Les aseguro que si tienen fe tan pequeña como un grano de mostaza, podrán decirle a esta montaña: «Trasládate de aquí para allá», y se trasladará. Para ustedes nada será imposible (Mateo 17:20).

—*¡Mujer, qué grande es tu fe!* —*contestó Jesús*—. *Que se cumpla lo que quieres* (Mateo 15:28).

Así que mi oración, al final de esta temporada de leer y orar acerca de las palabras sanadoras de Dios, es por un mayor regalo de fe. Deseo tener fe, no en un resultado en particular, sino en el amoroso y poderoso corazón de Jesús, que dedicó la mayor parte de su ministerio público a sanar a los enfermos, abrir los ojos de los ciegos, permitir que los cojos caminaran y echar fuera a los demonios de las personas atormentadas. Quiero orar en su nombre y con la fe que él da, creciendo a diario a su semejanza, de manera que un día escuche de sus labios: *¡Mujer, qué grande es tu fe! Que se cumpla lo que quieres.*

EN LA MAÑANA

Mi favor dura toda la vida

He escuchado tu oración y he visto tus lágrimas.
Voy a sanarte.

Te exaltaré, SEÑOR, porque me levantaste,
porque no dejaste que mis enemigos se burlaran de
mí.
SEÑOR mi Dios, te pedí ayuda y me sanaste.
Tú, SEÑOR, me sacaste del sepulcro;
me hiciste revivir de entre los muertos.
Canten al SEÑOR, ustedes sus fieles;
alaben su santo nombre.
Porque sólo un instante dura su enojo,
pero toda una vida su bondad.
Si por la noche hay llanto,
por la mañana habrá gritos de alegría.

*Señor, sin duda has escuchado mis oraciones y visto mis lá-
grimas. Respóndeme como lo hiciste con Ezequías, rey de
Judá, y me regocijaré en tu gracia sanadora.*

2 Reyes 20:5; Salmo 30:1-5

EN LA NOCHE

Mi ayuda llegará hasta ti

¡Paz a los que están lejos,
y paz a los que están cerca!
Yo los sanaré —dice el Señor—.

¡Vengan, volvámonos al Señor!
Él nos ha despedazado, pero nos sanará;
nos ha herido, pero nos vendará.
Después de dos días nos dará vida;
al tercer día nos levantará,
y así viviremos en su presencia.
Conozcamos al Señor;
vayamos tras su conocimiento.
Tan cierto como que sale el sol,
él habrá de manifestarse;
vendrá a nosotros como la lluvia de invierno,
como la lluvia de primavera que riega la tierra.

Señor, oro por tu «gracia que nos hace volver», por el poder para alejarnos de los hábitos pecaminosos a fin de volvernos a ti, mi Creador y mi Dios sanador. No te demores, sino ven a mí como la lluvia de invierno, como la lluvia de primavera que riega la tierra. Sana mi cuerpo y mi alma, esa es mi oración.

Isaías 57:19; Oseas 6:1-3

Lunes

EN LA MAÑANA

Escucharé desde el cielo

Si mi pueblo, que lleva mi nombre, se humilla y ora, y me busca y abandona su mala conducta, yo lo escucharé desde el cielo, perdonaré su pecado y restauraré su tierra.

Todo tiene su momento oportuno; hay un tiempo
para todo lo que se hace bajo el cielo:
un tiempo para nacer, y un tiempo para morir;
un tiempo para plantar, y un tiempo para cosechar;
un tiempo para matar, y un tiempo para sanar;
un tiempo para destruir, y un tiempo para construir;
un tiempo para llorar, y un tiempo para reír;
un tiempo para estar de luto, y un tiempo para
saltar de gusto.

Padre, tu Palabra nos dice que hay un tiempo para cada actividad bajo el cielo. Por favor, escucha el clamor de los que están necesitados de sanidad. Tócalos con tu poder y comienza un tiempo de sanidad en sus vidas. Restáuralos, bendícelos y fortalécelos, de modo que puedan convertirse en una evidencia de tu misericordia en la tierra.

2 Crónicas 7:14; Eclesiastés 3:1-4

EN LA NOCHE

Entonces tú llamarás y yo responderé

El ayuno que he escogido,
¿no es más bien romper las cadenas de injusticia
y desatar las correas del yugo,
poner en libertad a los oprimidos
y romper toda atadura?
¿No es acaso el ayuno compartir tu pan con el
hambriento
y dar refugio a los pobres sin techo,
vestir al desnudo y no dejar de lado a tus
semejantes?
Si así procedes,
tu luz despuntará como la aurora,
y al instante llegará tu sanidad;
tu justicia te abrirá el camino,
y la gloria del SEÑOR te seguirá.
Llamarás, y el SEÑOR responderá;
 pedirás ayuda, y él dirá: «¡Aquí estoy!».

❧

Señor, perdona la ansiedad y el egoísmo que distinguen mi vida, ayúdame a ser más generosa con los necesitados. Que pueda dar a otros de las cosas buenas que tú me has dado, bendiciendo con liberalidad a los demás como tú me has bendecido.

Isaías 58:6-9

Martes

EN LA MAÑANA

He cargado con tus enfermedades

Yo soy el SEÑOR, que les devuelve la salud.

Despreciado y rechazado por los hombres,
varón de dolores, hecho para el sufrimiento.
Todos evitaban mirarlo;
fue despreciado, y no lo estimamos.
Ciertamente él cargó con nuestras enfermedades
y soportó nuestros dolores,
pero nosotros lo consideramos herido,
golpeado por Dios, y humillado.
Él fue traspasado por nuestras rebeliones,
y molido por nuestras iniquidades;
sobre él recayó el castigo,
precio de nuestra paz,
y gracias a sus heridas fuimos sanados.
Todos andábamos perdidos, como ovejas;
cada uno seguía su propio camino,
pero el SEÑOR hizo recaer sobre él
la iniquidad de todos nosotros.

*Señor, nuestros pecados fueron tan graves, nuestras ofensas
tan serias, que no hubo remedio capaz de curarnos hasta que
tú viniste. Tú has llevado nuestra aflicción y sufrido nuestro
castigo. Sobre ti fue la condena que nos hizo perfectos. ¡Eres
en verdad el Señor que nos sana!*

Éxodo 15:26; Isaías 53:3-6

EN LA NOCHE

Tu fe puede producir el cambio

Unos días después, cuando Jesús entró de nuevo en Capernaúm, corrió la voz de que estaba en casa. Se aglomeraron tantos que ya no quedaba sitio ni siquiera frente a la puerta mientras él les predicaba la palabra. Entonces llegaron cuatro hombres que le llevaban un paralítico. Como no podían acercarlo a Jesús por causa de la multitud, quitaron parte del techo encima de donde estaba Jesús y, luego de hacer una abertura, bajaron la camilla en la que estaba acostado el paralítico. Al ver Jesús la fe de ellos, le dijo al paralítico:

—Hijo, tus pecados quedan perdonados […] A ti te digo, levántate, toma tu camilla y vete a tu casa.

Él se levantó, tomó su camilla en seguida y salió caminando a la vista de todos. Ellos se quedaron asombrados y comenzaron a alabar a Dios.

—Jamás habíamos visto cosa igual —decían.

෯෯෯

Señor, aumenta mi fe de manera que pueda orar con efectividad por otros. Es mi oración que mi fe pueda derramarse sobre aquellos que están enfermos y que tu poder descienda para sanarlos y darles paz.

Marcos 2:1-5, 10-12

EN LA MAÑANA
Cree y verás

Todavía estaba hablando Jesús, cuando alguien llegó de la casa de Jairo, jefe de la sinagoga, para decirle:

—Tu hija ha muerto. No molestes más al Maestro.

Al oír esto, Jesús le dijo a Jairo:

—No tengas miedo; cree nada más, y ella será sanada.

Cuando llegó a la casa de Jairo, no dejó que nadie entrara con él, excepto Pedro, Juan y Jacobo, y el padre y la madre de la niña. Todos estaban llorando, muy afligidos por ella.

—Dejen de llorar —les dijo Jesús—. No está muerta sino dormida.

Entonces ellos empezaron a burlarse de él porque sabían que estaba muerta. Pero él la tomó de la mano y le dijo:

—¡Niña, levántate!

Recobró la vida y al instante se levantó.

***

Señor, cuando enferme yo o alguna persona que amo, ayúdame a mirar primero a ti. Protégeme del temor y dame tu paz. Ayúdame a orar con el poder de tu Espíritu, creyendo que con tu gracia todas las cosas son posibles.

Lucas 8:49-55

EN LA NOCHE

Clama a mí en tu angustia

En su angustia clamaron al SEÑOR,
y él los salvó de su aflicción.
Envió su palabra para sanarlos,
y así los rescató del sepulcro.
¡Que den gracias al SEÑOR por su gran amor,
por sus maravillas en favor de los hombres!

Sáname, SEÑOR, y seré sanado;
sálvame y seré salvado,
porque tú eres mi alabanza.

❧

Señor, traigo a los enfermos y a los afligidos ante ti esta noche; aquellos por los que oro con regularidad. Clamo en su favor. Envía tu Palabra y tu verdad y sánalos. Llénalos con tu amor eterno para que te alaben por tus maravillosas obras.

Salmo 107:19-21; Jeremías 17:14

EN LA MAÑANA

Yo recompenso la oración persistente

Partiendo de allí, Jesús se retiró a la región de Tiro y Sidón. Una mujer cananea de las inmediaciones salió a su encuentro, gritando:

—¡Señor, Hijo de David, ten compasión de mí! Mi hija sufre terriblemente por estar endemoniada.

Jesús no le respondió palabra. Así que sus discípulos se acercaron a él y le rogaron:

—Despídela, porque viene detrás de nosotros gritando.

—No fui enviado sino a las ovejas perdidas del pueblo de Israel —contestó Jesús.

La mujer se acercó y, arrodillándose delante de él, le suplicó:

—¡Señor, ayúdame!

Él le respondió:

—No está bien quitarles el pan a los hijos y echárselo a los perros.

—Sí, Señor; pero hasta los perros comen las migajas que caen de la mesa de sus amos.

—¡Mujer, qué grande es tu fe! —contestó Jesús—. Que se cumpla lo que quieres.

Y desde ese mismo momento quedó sana su hija.

Mateo 15:21-28

Señor, gracias por la historia de esta mujer que no se dio por vencida ni se ofendió. Ayúdame a perseverar por aquellos cercanos a mí que necesitan tu toque sanador. Que no me sienta agraviada si no me respondes enseguida. Sin embargo, por favor, no te tardes. Ven con tu poder sanador.

EN LA NOCHE

Solo necesitas un poco de fe

Cuando llegaron a la multitud, un hombre se acercó a Jesús y se arrodilló delante de él.

—Señor, ten compasión de mi hijo. Le dan ataques y sufre terriblemente. Muchas veces cae en el fuego o en el agua. Se lo traje a tus discípulos, pero no pudieron sanarlo [...]

Jesús reprendió al demonio, el cual salió del muchacho, y éste quedó sano desde aquel momento. Después los discípulos se acercaron a Jesús y, en privado, le preguntaron:

—¿Por qué nosotros no pudimos expulsarlo?

—Porque ustedes tienen tan poca fe —les respondió—. Les aseguro que si tienen fe tan pequeña como un grano de mostaza, podrán decirle a esta montaña: "Trasládate de aquí para allá", y se trasladará. Para ustedes nada será imposible.

Señor, dame el tipo de fe que puede mover montañas, la fe que no se siente intimidada por las circunstancias ni limitada por la imaginación. Fortaléceme para que, guiada por tu Espíritu, sepa que nada es imposible para ti obrando a través de mí.

Mateo 17:14-20

Viernes

EN LA MAÑANA

Soy más fuerte que cualquier mal que enfrentes

Pero para ustedes que temen mi nombre, se levantará el sol de justicia trayendo en sus rayos salud.

Jesús se retiró al lago con sus discípulos, y mucha gente de Galilea lo siguió. Cuando se enteraron de todo lo que hacía, acudieron también a él muchos de Judea y Jerusalén, de Idumea, del otro lado del Jordán y de las regiones de Tiro y Sidón. Entonces, para evitar que la gente lo atropellara, encargó a sus discípulos que le tuvieran preparada una pequeña barca; pues como había sanado a muchos, todos los que sufrían dolencias se abalanzaban sobre él para tocarlo. Además, los espíritus malignos, al verlo, se postraban ante él, gritando: «¡Tú eres el Hijo de Dios!»

Señor, no es de extrañar que las multitudes se aglomeraran a tu alrededor, cada persona esperando estar cerca de ti para tocarte. Gracias porque tu poder es mayor que nuestra enfermedad. Refúgiame ahora debajo de tus alas sanadoras.

Malaquías 4:2; Marcos 3:7-11

EN LA NOCHE

Quiero usarte

Yo corregiré su rebeldía
y los amaré de pura gracia.

Jesús recorría todos los pueblos y aldeas enseñando en las sinagogas, anunciando las buenas nuevas del reino, y sanando toda enfermedad y toda dolencia. Al ver a las multitudes, tuvo compasión de ellas, porque estaban agobiadas y desamparadas, como ovejas sin pastor. «La cosecha es abundante, pero son pocos los obreros —les dijo a sus discípulos—. Pídanle, por tanto, al Señor de la cosecha que envíe obreros a su campo».

Reunió a sus doce discípulos y les dio autoridad para expulsar a los espíritus malignos y sanar toda enfermedad y toda dolencia.

※

Señor, tus intenciones son sanar y restaurar, hacer volver los corazones de las personas de las tinieblas a la luz. Que yo sea una luz y un agente de sanidad en el lugar donde estoy. Permíteme ser de bendición para otros.

Oseas 14:4; Mateo 9:35—10:1

Sábado

EN LA MAÑANA

Oren unos por otros

¿Está afligido alguno entre ustedes? Que ore. ¿Está alguno de buen ánimo? Que cante alabanzas. ¿Está enfermo alguno de ustedes? Haga llamar a los ancianos de la iglesia para que oren por él y lo unjan con aceite en el nombre del Señor. La oración de fe sanará al enfermo y el Señor lo levantará. Y si ha pecado, su pecado se le perdonará. Por eso, confiésense unos a otros sus pecados, y oren unos por otros, para que sean sanados. La oración del justo es poderosa y eficaz.

❧

Señor, por favor, restaura la oración en tu iglesia a través de todo el mundo. Ayúdanos a ser honestos con relación a nuestras faltas, orar juntos de manera regular, adorar en espíritu y en verdad, y rogar por los que están enfermos. Sánanos y ayúdanos, y haznos recordar que somos tu cuerpo aquí en la tierra.

Santiago 5:13-16

EN LA NOCHE

No habrá más noche

[El Señor] restaura a los abatidos
y cubre con vendas sus heridas.

Luego el ángel me mostró un río de agua de vida, claro como el cristal, que salía del trono de Dios y del Cordero, y corría por el centro de la calle principal de la ciudad. A cada lado del río estaba el árbol de la vida, que produce doce cosechas al año, una por mes; y las hojas del árbol son para la salud de las naciones. Ya no habrá maldición. El trono de Dios y del Cordero estará en la ciudad. Sus siervos lo adorarán; lo verán cara a cara, y llevarán su nombre en la frente. Ya no habrá noche; no necesitarán luz de lámpara ni de sol, porque el Señor Dios los alumbrará. Y reinarán por los siglos de los siglos.

Señor, gracias por la seguridad de que al final todo será bueno para aquellos que te pertenecen. Ya no habrá más maldición, aflicción, sufrimiento o muerte. Porque te veremos cara a cara y tú serás nuestra luz por siempre.

Salmo 147:3; Apocalipsis 22:1-5

RECORDARÉ ESTO

Sáname, SEÑOR, y seré sanado;
sálvame y seré salvado,
porque tú eres mi alabanza.

....

—Hija, tu fe te ha sanado —le dijo Jesús—. Vete
en paz.

....

La oración del justo es poderosa y eficaz.

....

Hace muchos años atrás asistí a un desayuno de mujeres
en una universidad de Ohio. Ese día una de las señoras contó
una historia un poco extraña. No recuerdo los detalles, pero
la idea central del relato era inolvidable. Parece que ella había estado sufriendo de dolores de espalda desde hacía algún
tiempo. Su situación era tan grave que ni siquiera podía caminar derecha. Un día, su hija de cuatro años se preguntó en voz
alta «cuándo su mamá iba a tener otro bebé». Conociendo lo
difícil que resultaría soportar un embarazo en su condición,
la madre le respondió: «Cariño, a mamá y papá les gustaría
mucho tener otro bebé, pero Dios tiene que sanar mi espalda
antes para poder hacerlo. En este momento no es posible».

Algún tiempo después, ella y su familia fueron al mar de
vacaciones. Su dolor la debilitaba tanto que su esposo tenía
que cargarla cada vez que deseaba entrar al océano para na-

Jeremías 17:14; Lucas 8:48; Santiago 5:16

dar. Un día, cuando acababa de entrar al agua, una enorme ola rompió sobre ella y la lanzó en una violenta voltereta a través del agua. En cuanto pudo volverse a levantar, se dio cuenta de que algo en su cuerpo había cambiado. En realidad estaba en pie, derecha, sin dolor alguno. Por extraño que parezca, su primer pensamiento no fue: «¡Mi espalda se sanó!». En vez de eso, las palabras que vinieron a su mente fueron: «¡Debo estar embarazada!». Y en verdad lo estaba. Una visita a la consulta del doctor poco después confirmó que iba a tener otro hijo. ¡Todo parece indicar que Dios no es solo un gran médico, sino que también es muy buen quiropráctico!

No obstante, ¿qué tal de las personas que no reciben sanidad? En un día cualquiera miles de personas, quizás millones, están invadiendo el cielo en búsqueda de un milagro, pero no aparece milagro alguno. Por qué algunos reciben sanidad mientras otros no es un misterio que ninguno de nosotros puede resolver, aunque tal vez el pasaje de Santiago, que vincula la justicia y el poder, identifica un factor clave.

Con relación a cómo Dios responde nuestras oraciones, creo que a veces él sí utiliza nuestros cuerpos para mostrar su obra redentora. Cuando esto sucede, nos convertimos en señales de su reino venidero, atestiguando la esperanza que tenemos en Cristo de que algún día nosotros, y la creación toda, seremos tal y como él planificó que fuéramos, saludables y plenos, y estaremos en paz. Hasta entonces, pidámosle a Dios que nos ayude a convertirnos en la clase de personas que pueden orar con poder, llenas de fe y esperanza.

13
Jesús, la última y más dulce palabra

יֵשׁוּעַ

YESHUA

Hay dulzura incluso en el nombre de «Jesús», un nombre que contiene una promesa. La palabra hebrea *Yeshua* significa «Yahweh es salvación», vinculando de esta manera a Jesús con el nombre más santo de Dios en las Escrituras. Dios se hizo evidente a la humanidad en la vida de Jesús; un Dios que nos sorprende no solo por su poder, sino por la grandeza de su amor. A Jesús también se le llama el *Logos* o la «Palabra». Él es el mensaje definitivo de Dios para la raza humana.

PERMITIENDO QUE LA PALABRA ME TRANSFORME

Hace años tuve la oportunidad de pasar un breve tiempo con Malcolm Muggeridge, un famoso periodista británico conocido por su mordaz ingenio. Aunque estaba deseosa de encontrarme con él, me sentía también un poco intimidada. Me preguntaba qué sucedería si mientras nos encontrábamos juntos yo decía alguna cosa torpe o estúpida, algo que de manera inevitable pudiera atraer su incisivo ingenio. A pesar de todo, al llegar el momento, me sentí muy a gusto. En realidad, mi encuentro con él fue uno de los más memorables de mi vida, aunque no me acuerdo de lo que hablamos. No obstante, lo que nunca voy a olvidar es la amabilidad con la que me trató, como si yo fuera la única y más importante persona en el planeta.

Esperaba que Muggeridge tuviera ese efecto sobre la mayoría de las personas. Sin embargo, ¿por qué mi vivencia con él fue tan distinta de lo que era su vida pública? De seguro en buena medida podemos explicar la diferencia basándonos en su creciente fe. Aunque en un momento había desechado el cristianismo por ser un «montón de tonterías», luego lo había abrazado. Además, tal vez este hombre, que era famoso por su ácido ingenio, reservó sus saetas más agudas para las personas que las necesitaban, personas de cierto renombre que defendían políticas que él entendía que eran dañinas o peligrosas para otros.

Cuando comencé a buscar en los Evangelios las dulces palabras de Jesús, recordé mi encuentro con Muggeridge. Y ese recuerdo disparó otro. En días recientes, un amigo había hecho una pregunta intrigante: «Si Jesús es Dios y Dios es amor, ¿por qué algunas veces él parece no ser muy amable en los Evangelios?». Era una pregunta que yo me había hecho más de una vez. Entre otras cosas, mi amigo había estado pensando en algunas de las cosas que Jesús dijo, palabras que sonaban muy distantes de ser dulces:

¡Ay de ustedes!, que son como tumbas sin lápida, sobre las que anda la gente sin darse cuenta.

¡Serpientes! ¡Camada de víboras! ¿Cómo escaparán ustedes de la condenación del infierno?

Son como sepulcros blanqueados. Por fuera lucen hermosos pero por dentro están llenos de huesos de muertos y de podredumbre.

Ustedes son de su padre, el diablo, cuyos deseos quieren cumplir. Desde el principio éste ha sido un asesino.

Quizás parte de la respuesta a la pregunta de mi amigo es que el amor no siempre es «amable», sobre todo ante la maldad.

Al seguir leyendo las palabras de Jesús en los Evangelios, recordé también lo poco diplomático que podía ser. Muchas veces, ante la oportunidad de decir algo que podría calmar las tensiones y aplacar los ánimos, Jesús dijo alguna cosa que inflamó la situación, como si le echara leña al fuego.

Pude ver que las palabras más duras de Jesús, como las de Muggeridge, estaban dirigidas a personas que necesitaban frases punzantes: los líderes religiosos de sus días que se oponían al evangelio y trataban de ejercer su influencia en las personas del pueblo para ponerlas en contra de Jesús. Ser tierno con esas personas sería darles la espalda a los que había venido a salvar. Sería como quedarse mirando mientras alguien mantiene la cabeza de otro bajo el agua para ahogarlo.

Con mucha frecuencia, las palabras de Jesús son tan sorprendentes como desafiantes. Al leer una versión de los Evangelios con las palabras de Jesús en rojo, buscando sus dulces palabras, encontré muchas otras palabras que estremecieron mis pensamientos, palabras como estas:

Ustedes han oído que se dijo: «Ojo por ojo y diente por diente». Pero yo les digo: No resistan al que les haga mal. Si alguien te da una bofetada en la mejilla derecha, vuélvele también la otra.

Se ha dicho: «El que repudia a su esposa debe darle un certificado de divorcio». Pero yo les digo que, excepto en caso de infidelidad conyugal, todo el que se divorcia de su esposa, la induce a cometer adulterio, y el que se casa con la divorciada comete adulterio también.

Me preguntaba: ¿Cómo podrían interpretarse estas palabras como dulces? Mientras más las leía, más comenzaba a comprender que experimentar la ternura de Jesús es muchas veces un asunto de perspectiva. Por ejemplo, el pasaje que nos exhorta a amar a nuestros enemigos puede verse como una orden imposible. No obstante, revela también el corazón del propio Cristo, quien, cuando aun éramos sus enemigos, nos trató con el tipo de amor extremo que recomienda a sus seguidores.

¿Y con relación al pasaje sobre el divorcio? En realidad, habría resultado desagradable a los oídos de un hombre judío. Sin embargo, a los oídos de una mujer judía, las palabras hubieran sonado dulces, porque en ese tiempo un hombre podía divorciarse de su esposa por cualquier razón... ¡incluyendo que se le quemara la comida! Como acostumbraba, Jesús se estaba poniendo al lado de los débiles, los que no tenían protectores.

Por fortuna, mi búsqueda a través de los Evangelios descubrió muchas palabras expresamente dulces. Una y otra vez pude apreciar la incuestionable evidencia de su amabilidad con los enfermos, los cansados, los despreciados, los hambrientos, los pobres y los poseídos por los demonios. Para todos los que las buscaban, habló palabras de aliento y amor. Él era Dios caminando en medio de la creación que amaba, tocando, restaurando, sanando e impartiendo esperanza.

Aun sus acciones y milagros son «palabras» para nosotros, comunicándonos el profundo amor de Dios, indicándonos sus intenciones de restaurarnos y redimirnos. Mientras más escucho las dulces palabras de Jesús, identificándome con los necesitados, encuentro más descanso y calma, y puedo apoyarme más en lo que dice para remodelar mi alma:

Vengan a mí todos ustedes que están cansados y agobiados, y yo les daré descanso.

Así que no tengan miedo; ustedes valen más que muchos gorriones.

Mi yugo es suave y mi carga es liviana.

Amigo, tus pecados quedan perdonados.

Permanezcan en mi amor.

EN LA MAÑANA

Yo soy el Verbo

En el principio ya existía el Verbo, y el Verbo estaba con Dios, y el Verbo era Dios. Él estaba con Dios en el principio. Por medio de él todas las cosas fueron creadas; sin él, nada de lo creado llegó a existir. En él estaba la vida, y la vida era la luz de la humanidad. Esta luz resplandece en las tinieblas, y las tinieblas no han podido extinguirla […]

Y el Verbo se hizo hombre y habitó entre nosotros. Y hemos contemplado su gloria, la gloria que corresponde al Hijo unigénito del Padre, lleno de gracia y de verdad.

«La virgen concebirá y dará a luz un hijo, y lo llamarán Emanuel» (que significa «Dios con nosotros»).

Señor, habla a mi corazón con tus palabras llenas de poder. Permite que me llene de tu Palabra como una luz. Ayúdame a verte como eres, Rey de reyes y Señor de señores, Consejero admirable, Príncipe de paz… el poderoso Dios que viene a morar con su pueblo.

Juan 1:1-5, 14; Mateo 1:23

EN LA NOCHE

No vine a condenarte

Se le apareció en sueños un ángel del Señor y le dijo: «José, hijo de David, no temas recibir a María por esposa, porque ella ha concebido por obra del Espíritu Santo. Dará a luz un hijo, y le pondrás por nombre Jesús, porque él salvará a su pueblo de sus pecados».

Porque tanto amó Dios al mundo, que dio a su Hijo unigénito, para que todo el que cree en él no se pierda, sino que tenga vida eterna. Dios no envió a su Hijo al mundo para condenar al mundo, sino para salvarlo por medio de él.

También llevaban con él a otros dos, ambos criminales, para ser ejecutados. Cuando llegaron al lugar llamado la Calavera, lo crucificaron allí, junto con los criminales, uno a su derecha y otro a su izquierda.

—Padre —dijo Jesús—, perdónalos, porque no saben lo que hacen.

❧

Jesús, tú eres la expresión del amor de Dios, la encarnación de su misericordia. Eres valeroso y amable, perdonador y bueno. Tienes toda la razón para condenar, pero a pesar de eso perdonaste. Misericordia y más misericordia, esta es la palabra tierna que siempre has hablado para mí.

Mateo 1:20-21; Juan 3:16-17; Lucas 23:32-34

Lunes

EN LA MAÑANA

Te llamo «amigo»

Amigo, tus pecados quedan perdonados.

Pedro se acercó a Jesús y le preguntó:
—Señor, ¿cuántas veces tengo que perdonar a mi hermano que peca contra mí? ¿Hasta siete veces?
—No te digo que hasta siete veces, sino hasta setenta y siete veces —le contestó Jesús—.

✦

Gracias, Jesús, por llamarme «amiga». Como dice tu Palabra: «En todo tiempo ama el amigo; para ayudar en la adversidad nació el hermano». Tú, mi hermano, me has amado bien. La próxima vez que alguien me ofenda, ayúdame a recordar quién soy —tu amiga— llamada a perdonar de la misma manera en que he sido perdonada.

Lucas 5:20; Mateo 18:21-22

EN LA NOCHE

Yo te liberté

«El Espíritu del Señor está sobre mí,
por cuanto me ha ungido
para anunciar buenas nuevas a los pobres.
Me ha enviado a proclamar libertad a los cautivos
y dar vista a los ciegos,
a poner en libertad a los oprimidos,
a pregonar el año del favor del Señor.»
Luego [Jesús] enrolló el libro, se lo devolvió al
ayudante y se sentó. Todos los que estaban en la
sinagoga lo miraban detenidamente, y él comenzó
a hablarles: «Hoy se cumple esta Escritura en
presencia de ustedes».

෴

*Señor, tú eres el sí a todas las promesas de Dios. Tú das vista
a los ciegos, abres las puertas de la cárcel, y proclamas el
año de favor y bondad. Señor, busca al humilde, encuentra
al oprimido, permite que se proclame tu favor por todo el
mundo.*

Lucas 4:18-21

Martes

EN LA MAÑANA

Nunca te voy a abandonar

—Yo soy el pan de vida —declaró Jesús—. El que a mí viene nunca pasará hambre, y el que en mí cree nunca más volverá a tener sed. Pero como ya les dije, a pesar de que ustedes me han visto, no creen. Todos los que el Padre me da vendrán a mí; y al que a mí viene, no lo rechazo. Porque he bajado del cielo no para hacer mi voluntad sino la del que me envió. Y ésta es la voluntad del que me envió: que yo no pierda nada de lo que él me ha dado, sino que lo resucite en el día final. Porque la voluntad de mi Padre es que todo el que reconozca al Hijo y crea en él, tenga vida eterna, y yo lo resucitaré en el día final.

Señor, gracias por prometer que nunca me vas a abandonar. Quiero sostenerme de esa promesa, creer que es tan firme que hasta en el momento de la muerte, cuando parezca que me estás rechazando, no voy a dudar de ella. Sostenme fuerte y tenme siempre contigo.

Juan 6:35-40

EN LA NOCHE

Yo soy tu alimento

El que come mi carne y bebe mi sangre tiene vida eterna, y yo lo resucitaré en el día final. Porque mi carne es verdadera comida y mi sangre es verdadera bebida. El que come mi carne y bebe mi sangre, permanece en mí y yo en él. Así como me envió el Padre viviente, y yo vivo por el Padre, también el que come de mí, vivirá por mí. Éste es el pan que bajó del cielo. Los antepasados de ustedes comieron maná y murieron, pero el que come de este pan vivirá para siempre.

❦

Señor, quiero alimentarme de ti, nutrirme de tu cuerpo y tu sangre, fortalecerme y renovarme por tu encarnación y tu sacrificio. Ayúdame a permanecer en ti. Resucítame para vivir por siempre.

Juan 6:54-58

EN LA MAÑANA

¡Deja de preocuparte!

Luego dijo Jesús a sus discípulos:

—Por eso les digo: No se preocupen por su vida, qué comerán; ni por su cuerpo, con qué se vestirán. La vida tiene más valor que la comida, y el cuerpo más que la ropa. Fíjense en los cuervos: no siembran ni cosechan, ni tienen almacén ni granero; sin embargo, Dios los alimenta. ¡Cuánto más valen ustedes que las aves!

***

Señor, perdóname por todos los momentos desperdiciados y llenos de ansiedad en mi vida. Ayúdame hoy a tomar tu Palabra de forma literal... ¡a dejar de preocuparme! Enséñame a vivir de manera más sencilla al centrarme en hacer tu voluntad y luego dejar el resto en tus manos. Esa es mi oración.

Lucas 12:22-24

EN LA NOCHE

Te amé cuando estabas lejos de mí

Ustedes han oído que se dijo: «Ama a tu prójimo y odia a tu enemigo». Pero yo les digo: Amen a sus enemigos y oren por quienes los persiguen, para que sean hijos de su Padre que está en el cielo. Él hace que salga el sol sobre malos y buenos, y que llueva sobre justos e injustos. Si ustedes aman solamente a quienes los aman, ¿qué recompensa recibirán? ¿Acaso no hacen eso hasta los recaudadores de impuestos? Y si saludan a sus hermanos solamente, ¿qué de más hacen ustedes? ¿Acaso no hacen esto hasta los gentiles? Por tanto, sean perfectos, así como su Padre celestial es perfecto.

※

Señor, pasajes como este le revelan tu corazón al mundo. Tú eres un Dios cuyo amor abarca aun a tus enemigos. Y una vez yo fui tu enemiga. Ayúdame a recordarlo y reflejar tu bondad la próxima vez que alguien me ofenda. Cámbiame, Señor, a través del poder de tu amor.

Mateo 5:43-48

EN LA MAÑANA

Yo soy el buen pastor

Como un pastor que cuida su rebaño,
recoge los corderos en sus brazos;
los lleva junto a su pecho.

Yo soy el buen pastor. El buen pastor da su vida por las ovejas. El asalariado no es el pastor, y a él no le pertenecen las ovejas. Cuando ve que el lobo se acerca, abandona las ovejas y huye […]

Yo soy el buen pastor; conozco a mis ovejas, y ellas me conocen a mí, así como el Padre me conoce a mí y yo lo conozco a él, y doy mi vida por las ovejas. Tengo otras ovejas que no son de este redil, y también a ellas debo traerlas. Así ellas escucharán mi voz, y habrá un solo rebaño y un solo pastor.

Jesús, gracias por dar tu vida no de mala gana, sino de forma voluntaria; por protegerme con tu vara y tu cayado; por mantenerme a salvo y llevarme cerca de tu pecho. Gracias por ofrecer tu vida a fin de que yo pueda vivir.

Isaías 40:11; Juan 10:11-16

EN LA NOCHE

Permanezcan en mi amor

Así como el Padre me ha amado a mí, también yo los he amado a ustedes. Permanezcan en mi amor. Si obedecen mis mandamientos, permanecerán en mi amor, así como yo he obedecido los mandamientos de mi Padre y permanezco en su amor. Les he dicho esto para que tengan mi alegría y así su alegría sea completa. Y éste es mi mandamiento: que se amen los unos a los otros, como yo los he amado. Nadie tiene amor más grande que el dar la vida por sus amigos. Ustedes son mis amigos si hacen lo que yo les mando. Ya no los llamo siervos, porque el siervo no está al tanto de lo que hace su amo; los he llamado amigos, porque todo lo que a mi Padre le oí decir se lo he dado a conocer a ustedes.

⚜

Señor, quiero ser tu amiga siempre. Gracias porque el amor del que hablas no depende de si soy atractiva, inteligente, perfecta o lista. Permite que mi único propósito en la vida sea producir en ti gozo y expresar mi amor al obedecer tus mandamientos.

Juan 15:9-15

Viernes

EN LA MAÑANA

Oro por ti

Ya no voy a estar por más tiempo en el mundo, pero ellos están todavía en el mundo, y yo vuelvo a ti. Padre santo, protégelos con el poder de tu nombre, el nombre que me diste, para que sean uno, lo mismo que nosotros. Mientras estaba con ellos, los protegía y los preservaba mediante el nombre que me diste.

No ruego sólo por éstos. Ruego también por los que han de creer en mí por el mensaje de ellos, para que todos sean uno. Padre, así como tú estás en mí y yo en ti [...]
Padre, quiero que los que me has dado estén conmigo donde yo estoy. Que vean mi gloria, la gloria que me has dado porque me amaste desde antes de la creación del mundo.

Como Jesús permanece para siempre, su sacerdocio es imperecedero. Por eso también puede salvar por completo a los que por medio de él se acercan a Dios, ya que vive siempre para interceder por ellos.

Juan 17:11-12; Juan 17:20-24; Hebreos 7:24-25

*Padre, gracias por escuchar la oración de tu Hijo y prote-
ger las almas de todos los que creen en él. Por favor, sigue
obrando entre los creyentes, haciéndonos sentir un profundo
arrepentimiento por las cosas que hemos hecho en contra de
los demás. Sana nuestras divisiones. Haznos humildes. Úne-
nos con el propósito de glorificar tu nombre, amén.*

EN LA NOCHE

Yo llamo a los cansados a venir a mí

Vengan a mí todos ustedes que están cansados y agobiados, y yo les daré descanso. Carguen con mi yugo y aprendan
de mí, pues yo soy apacible y humilde de corazón, y encontrarán descanso para su alma. Porque mi yugo es suave y mi
carga es liviana.

No se angustien. Confíen en Dios, y confíen también en
mí. En el hogar de mi Padre hay muchas viviendas; si no fuera
así, ya se lo habría dicho a ustedes. Voy a prepararles un lugar.
Y si me voy y se lo preparo, vendré para llevármelos conmigo.
Así ustedes estarán donde yo esté.

🪷

*Señor, ayúdame a librarme de las cargas que llevo y no pro
vienen de ti. Aumenta mi confianza a fin de que pueda dejarlas
a un lado y encontrar descanso para mi alma. Permite que
esté uncida a ti de modo que en verdad mi carga pueda ser
ligera.*

Mateo 11:28-30; Juan 14:1-3

Sábado

EN LA MAÑANA

No voy a dejarte ir con hambre

Salió Jesús de allí y llegó a orillas del mar de Galilea. Luego subió a la montaña y se sentó. Se le acercaron grandes multitudes que llevaban cojos, ciegos, lisiados, mudos y muchos enfermos más, y los pusieron a sus pies; y él los sanó. La gente se asombraba al ver a los mudos hablar, a los lisiados recobrar la salud, a los cojos andar y a los ciegos ver. Y alababan al Dios de Israel. Jesús llamó a sus discípulos y les dijo:

—Siento compasión de esta gente porque ya llevan tres días conmigo y no tienen nada que comer. No quiero despedirlos sin comer, no sea que se desmayen por el camino.

Jesucristo es el mismo ayer y hoy y por los siglos.

❦

Jesús, tú sabes lo que es ser humano, experimentar hambre, dolencias y debilidad. Gracias por tu compasión, por usar tu poder para alimentar, sanar y libertar. No es de extrañar que las multitudes te rodearan. ¡Un Dios poderoso que levanta a los humildes!

Mateo 15:29-32; Hebreos 13:8

EN LA NOCHE

Estoy hambriento

«Porque tuve hambre, y ustedes me dieron de comer; tuve sed, y me dieron de beber; fui forastero, y me dieron alojamiento; necesité ropa, y me vistieron; estuve enfermo, y me atendieron; estuve en la cárcel, y me visitaron». Y le contestarán los justos: «Señor, ¿cuándo te vimos hambriento y te alimentamos, o sediento y te dimos de beber? ¿Cuándo te vimos como forastero y te dimos alojamiento, o necesitado de ropa y te vestimos? ¿Cuándo te vimos enfermo o en la cárcel y te visitamos?» El Rey les responderá: «Les aseguro que todo lo que hicieron por uno de mis hermanos, aun por el más pequeño, lo hicieron por mí».

❧

Señor, tú moras con los humildes, los pobres y los débiles de este mundo. Ayúdame a hacer lo mismo. Hazme generosa en la tarea de alimentar, vestir y recibir al necesitado, comprendiendo que estoy haciendo todas esas cosas por ti.

Mateo 25:35-40

RECORDARÉ ESTO

Dios no envió a su Hijo al mundo para condenar al mundo, sino para salvarlo por medio de él.

....

Vengan a mí todos ustedes que están cansados y agobiados, y yo les daré descanso. Carguen con mi yugo y aprendan de mí, pues yo soy apacible y humilde de corazón, y encontrarán descanso para su alma. Porque mi yugo es suave y mi carga es liviana.

....

No se angustien. Confíen en Dios, y confíen también en mí.

....

No hay palabra más tierna de parte de Dios que la Palabra hecha carne. Cuando Dios nos dio a Jesús, nos lo dio todo. Nuestra confusión acerca de quién es Dios y lo que piensa de nosotros comienza a desvanecerse cuando nos centramos en la vida, muerte y resurrección de Jesucristo. Si alguna vez te sientes tentado a llegar a la conclusión de que hay algo de mezquindad en Dios, algo de frialdad o indiferencia hacia ti o alguna otra persona en la tierra, solo tienes que observar la vida de Jesús. Sus acciones, milagros, palabras… todo lo que tiene que ver con él comunica que Dios es amor. Y por supuesto, este amor generoso y constante de Dios es el mensaje de este libro.

Juan 3:17; Mateo 11:28-30; Juan 14:1

La idea para el libro me llegó hace tres años, poco después de haber experimentado una dolorosa herida en mi fe. Sabía que necesitaba algo que me recordara que Dios sigue teniendo cuidado de mí, así que decidí desarrollar un «curso de rehabilitación», uno que pudiera obtener de las mismas Escrituras. Me parece que estos meses de estar sumergida en las palabras más alentadoras de la Biblia han sido la manera que Dios ha usado para sanarme de esa herida y otras más, algunas de ellas ocasionadas por mi culpa. Sin embargo, no se ha tratado tanto de señalar culpas como de ofrecer gracia.

Centrar mi atención en sus dulces palabras ha sido para mí como derretir la nieve del parabrisas de un auto después de una fuerte tormenta invernal. Puedo ver con más claridad e ir hacia delante con más confianza, sin hielo alguno que distorsione la visión.

Continúo siendo consciente de mi debilidad, tal vez más que antes. Sin embargo, espero que se haya movido de la posición principal, un lugar que debe reservarse solo para Dios.

Por supuesto, Dios sigue siendo un misterio, siempre resistente a mis intentos de definirlo según mi propia percepción. Su bondad no cambia por el hecho de que mi entendimiento esté nublado. Su amor no decrece teniendo como fundamento mis sentimientos. Su fidelidad no se cuestiona porque él no actúe como yo quiero que lo haga o como creo que debiera hacerlo.

Se me recuerda también que no hay nada sentimental o empalagoso en las dulces palabras de Dios. Como todas sus palabras, son poderosas, capaces de eliminar cualquier cosa que oscurezca nuestra visión y nos aleje de él. Si escuchamos, sus palabras llegarán a ser el fundamento sobre el cual se edifique nuestro futuro y la roca sobre la cual podamos alzarnos. Ellas moldearán nuestra vida y se derramarán sobre la vida de muchos otros.

Así que escuchemos.

NOTAS

1. Jonathan Saltzman, «I Still Forgive Him», *The Boston Globe*, 14 de abril de 2006.
2. Lyndon Harris, en una entrevista para la cinta documental *The Power of Forgiveness*, publicada en el sitio web de Journey Films, *www.journeyfilms.com/content.asp?contentid=809&print=y*, visitado el 6 de noviembre de 2006.
3. Robert Frost, «Mending Wall», *North of Boston,* H. Holt, Nueva York, 1915.
4. William D. Mounce, editor general, *Mounce's Complete Expository Dictionary of Old and New Testament Words*, Zondervan, Grand Rapids, 2006, p. 281.
5. Véase James Bryan Smith y Lynda Graybeal, *A Spiritual Formation Workbook*, HarperSanFrancisco, San Francisco, 1991, 1993, p. 100.
6. Padre Richard Veras, «The Samaritan Woman and Pontius Pilate», *Magnificat*, marzo de 2007, p. 138.
7. «God's Provision», publicado en *Teaching Art and Spiritual Walking*, 11 de noviembre de 2005, www.homeschoolblogger.com/sjeffus/, visitado el 10 de septiembre de 2007.
8. Jerry Sittser, *The Will of God as a Way of Life*, Zondervan, Grand Rapids, MI, 2000, 2004, pp. 22-26.
9. Ibíd., p. 33.
10. Ibíd., pp. 34-35 (cursivas en el original).
11. Jim Cymbala, *La vida que Dios bendice*, Vida, Miami, FL, 2003.
12. Desde nuestra conversación, Mark publicó el libro bajo el título *Dios todo terreno,* Vida, Miami, FL, 2005.
13. Joan Didion, *El año del pensamiento mágico*, Global Rhythm Press, Estados Unidos, 2006.

Nos agradaría recibir noticias suyas.
Por favor, envíe sus comentarios sobre este libro
a la dirección que aparece a continuación.
Muchas gracias.

Editorial Vida
8410 NW 53rd Terrace, Suite 103
Miami, Florida 33166

Vida@zondervan.com
www.editorialvida.com